いまさら聞けない
最新ビットコインとブロックチェーン

コインチェック株式会社 執行役員
大塚雄介

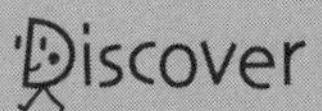

ビットコインとは？
ブロックチェーンとは？
NFTとは？

話題に上がったとき、
あなたは、説明できるでしょうか？

これらの名称をニュースなどで目や耳にしない日はないほど、
世の中に浸透し認知は広がりました。
ですが、どれだけの人が、
それらの内情を理解しているかというと、
現実、それほど多くないように思われます。
とはいえ、
「知っていて当然」の空気をまとい交わされるこれらの名称を、
いまさら誰かに聞くのはなかなかむずかしいでしょう。

自分で調べてみても、情報が多すぎて、
何が正しくて何が正しくないのかさえ判断できず、
よくわからなかったという声も少なくありません。

さらに、日々刻々と進化し続けるテクノロジーにより、
暗号資産、いわゆる、仮想通貨をめぐる状況は、
いま、めまぐるしく変化しています。
数年前に得た知識なら、一度ブラッシュアップする必要があるのです。

投資を考えている人にはもちろん、
ビジネスパーソンの基礎知識として、
これからの金融、経済、社会を語るうえで、
絶対におさえておきたい情報をこの1冊にまとめました。

ぜひ入門書として読んでいただければと思っています。

さあ、時代の波に、一緒に乗っていきましょう。

プロローグ

いますぐ始めるビットコイン入門

前著『いまさら聞けないビットコインとブロックチェーン』が出てから5年近く経ちました。そのプロローグを、私は次のように書き出しました。

2017年はビットコイン関係者の歓喜と悲鳴とともに幕を開けました。

2016年の後半はだいたい「1BTC（ビットコインの単位です）＝6万円台」で落ち着いていたビットコイン相場（ビットコインと円の交換レート）は11月あたりからジリジリと上がりはじめ、2016年末に一時12万円台に達します。年が明けてからもその勢いはとまらず、1月5日にはついに15万円を突破して大騒ぎになりますが、その日の夜から突然急落し、日付がかわる頃には一時11万円を割り込むところまで落ち込みます（ちなみに、ビットコインの取引は24時間365日可能です。クリスマスや年末年始も休みがありません）。

ビットコイン価格が急落したのは、相場に大きな影響を持つ中国で資本規制が強化されるという情報が流れたからですが、1月6日の明け方には早くも持ち直し、昼頃までには一時13万円台まで回復して、その後10万円前後で落ち着きました。まるでジェットコースターのような値動きです。

それから年月が過ぎ、2021年10月には、本書執筆時点での最高額「1BTC＝6904４ドル（当時のレートでおよそ777万円）」を記録しました。わずか5年前に、たかだか10万円前後で大騒ぎしていたのを見ると、まさに隔世の感があります。

ビットコインは、いまも大きく成長し続けています。この5年間でこれだけ伸びた投資先は、そんなにないはずです。だからこそ、いまでも多くの人がビットコインに投資しているのです。

本書を手にとったみなさんの中にも、「ビットコインはもう買ったよ」という人がたくさんいるでしょう。でも、ビットコインのことはわかっていたとしても、それ以外のアルトコインについてはどうでしょうか？

図01 ビットコイン（BTC）価格の推移（2020年11月〜2021年11月）

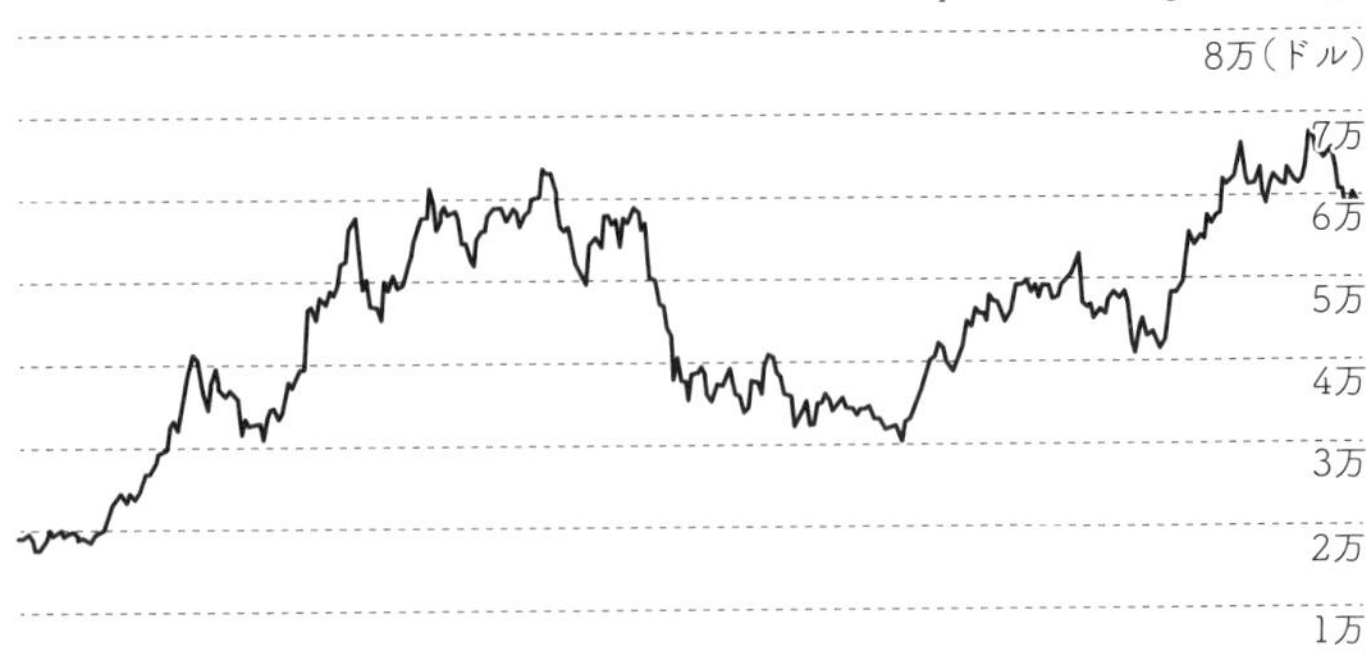

スマートコントラクトによって一大勢力に育ったイーサリアムについてはどうですか？

この5年間に新しく登場してきたキーワード、「ステーブルコイン」「リブラ（ディエムと改称）」「DeFi（分散型金融）」「ICOやIEO」「NFT（非代替性トークン）」についてはどうでしょう？

本書を読めば、最新のテクノロジーの動向や、それが出てきた背景、仕組み、その可能性まで、手にとるようにわかるはずです。

もちろん、「まだビットコインを買ったことがない」という人もご安心を。『いまさら聞けないビットコインとブロックチェーン』というタイトルからも想像できるように、まったくの初心者であっても、ちゃんとついてこれるように、おそらくこれ以上ないほどやさしく解説しています。本書を読めば、きっとビットコインとブロックチェーンについて、誰かに語りたくなることうけあいです。

まずはビットコインを買ってみよう

これから、ビットコインはどんなものか、どんなときに使えるのか、くわしく解説していきますが、お金の価値は、使ってみてはじめて実感できるものです。ごく簡単な手続きだけで始めることができるので、とにかく試しに使ってみたいという人のために、「ビットコインの使い方」をひと通り紹介します（もちろん、パート1以降を先に読んで、ビットコインを買うメリットやリスクをきちんと理解してから始めるのでも、全然問題ありません）。

ビットコインを入手する方法はいくつかありますが、いちばん手っ取り早いのは、仮想通貨（暗号資産）のアプリを手に入れ、ビットコインを扱う取引所から「買う」ことです。

ウェブサイトやアプリのインターフェイスは常に更新されるので、ここでは操作画面を掲載せず、操作方法の概略だけを説明します。私たちが運営している「コインチェック」のウェブサイト（https://coincheck.com/）やアプリ画面を見ながら次の説明を読んでいただくと、わかりやすいと思います。

写真入り身分証明書と、証明書と一緒に写った本人写真の提出が必要

ビットコインの取引を行うには、本人確認書類の提出が必要です（マネーロンダリングなどの不正利用を防ぐためです）。

はじめてコインチェックのウェブサイトにアクセスすると、メールアドレスの登録が求められます。スマホの人は、iPhoneのApp StoreやGoogle Playからコインチェックのアプリをインストールしてください。メアドを登録すると、折り返し確認メールが届くので、それをクリックして本人確認画面にアクセスします。

本人確認画面では、住所・氏名・生年月日など、必要事項を入力のうえ、運転免許証やパスポートなど、本人写真入りの身分証明書の写真（免許証の場合は、住所変更の有無を確認するため裏面の写真も）と、提出された身分証と本人が一緒に写っている写真（免許証やパスポートを手に持ち、写真入りの面を表に向けた自撮り写真）を画面上の指示に従ってアップロードします。登録後しばらくすると、「本人確認終了」のメールが届きます。さらに数日後、

住所確認のための書類が簡易書留で登録住所に送られます。それを受け取り、登録住所が間違いないことが確認されたら、登録完了です。スマホの場合は、本人写真入りの身分証明書の写真や身分証と本人が一緒に写っている写真の他に、本人や身分証の厚みがわかる動画をアップロードすることで、書留を受け取ることなくネットだけで登録が完了します（登録手順は変更される場合があります。最新のやり方についてはサイトの手順に従ってください）。

これでビットコインの取引を始めることができます。

主な操作は6つだけ

取引所のウェブサイト（またはアプリ）にログインすると、「ウォレット」画面が現れます。ウォレットはビットコインを入れておく「あなた専用の銀行口座」のようなものです。いくつかメニューが並んでいるはずですが、おもな操作は次の6つです。①「日本円を入金する」と②「日本円を出金する」、③「コインを買う」と④「コインを売る」、⑤「コインを送る」と⑥「コインを受け取る」をセットで考えると、わかりやすいはずです。

①日本円を入金する

現金の出し入れに関するメニューです。日本円を取引所の指定口座に預けておいて、その金額の範囲内でビットコインを買うことができます。

入金のしかたは、①指定口座に銀行振込する、②コンビニで入金する、③提携金融機関からクイック入金する、などです。それぞれメニュー画面の指示にしたがって入金してください。

②日本円を出金する

ビットコインを売った代金を受け取りたいときは、あなたの銀行口座を登録します。取引所に預けている円のうち、現金で引き出したい金額を指定すれば、その金額があなたの銀行口座に振り込まれます。

③コインを買う

ビットコインの売買に関するメニューです。日本円を支払ってビットコインを受け取ることを「ビットコインを買う」といい、ビットコインを支払って日本円を受け取ることを

「ビットコインを売る」といいます。

メニュー画面で買いたいビットコインの額を入力すると、必要な日本円が自動的に表示されます。たとえば、「1BTC＝500万円」のときに「0・001BTC」と入力すれば5000円」、「0・01BTC」と入力すれば「50000円」と表示されるので、その金額でよければ「購入する」をクリックします。これでビットコインの購入が完了です。

「コインを買う」のオプションとして「クレジットカードで買う」方法が提供されていることもあります。現金を入金してからビットコインを買うのではなく、クレジットカードで直接買うわけです。

④コインを売る

あなたが買ったビットコインは、あなたのパソコンやスマホにダウンロードされるのではなく、取引所のサーバーに置いてあります。将来の値上げに備えてそのままずっと持っていてもいいですし、現金化したくなったら売ることもできます。

メニュー画面で、売りたいビットコインの額を入力すると、売却代金の日本円が自動的に表示されるので、その金額でよければ「売却する」をクリックします。これでビットコインの売却が完了です。売却代金はそのままプールしておいてもいいですし、現金化したければ、②「日本円を出金する」のメニュー画面に進んでください。

⑤コインを送る

ビットコインの送金と支払いに関するメニューです。自分が持っているビットコインを誰かに送ったり、お店で支払ったりするときは、「コインを送る」メニューを開きます。

たとえば、Aさんに0・001BTC送りたいときは、Aさんから送り先のビットコインアドレスを教えてもらって、そのアドレス宛に0・001BTCを送るだけです。

ビットコインアドレスは、たとえば「1AavpCP7jHKFYXb7NP9p5naf1FQ1SZ7Zxw」のような、ランダムな文字列です。ビットコイン専用のメールアドレスのようなものだと考えてください。ふつうのメールアドレスと違うのは、送るたびに毎回別々のアドレスが発行されるところです。

ビットコインアドレスはQRコードで読み込むことができます。お店やオンラインショップで支払うときも、お店が発行するQRコードをスマホで読み込めば、いちいちビットコインアドレスを入力しなくてもいいので便利です。

⑥コインを受け取る

自分からビットコインを送るだけではなく、誰かが送ってくれたビットコインを受け取ることもできます。何かを売った代金としてビットコインを受け取ったり、銀行振込の代わりに送ってもらったビットコインを受け取るシーンが考えられます。

メニュー画面を開くと、入金用のビットコインアドレスが表示されるので、それを送金してくれる相手に知らせます。QRコードも自動で取得できるので、それを相手に教えれば、アドレスを入力する手間が省けます。

ビットコインの使い方の説明は以上です。実際に使ってみると、ビックリするほど簡単だとわかってもらえるはずです。

ここまでの説明を概念図にまとめてみました。お金の移動とビットコインの移動を分けて考えると、理解しやすいかもしれません。

ざっと概要をつかんでいただいたところで、次からはいよいよ中身の説明に入ります。ビットコインとはいったい何なのでしょうか。

図02 ビットコインの取引の概念図

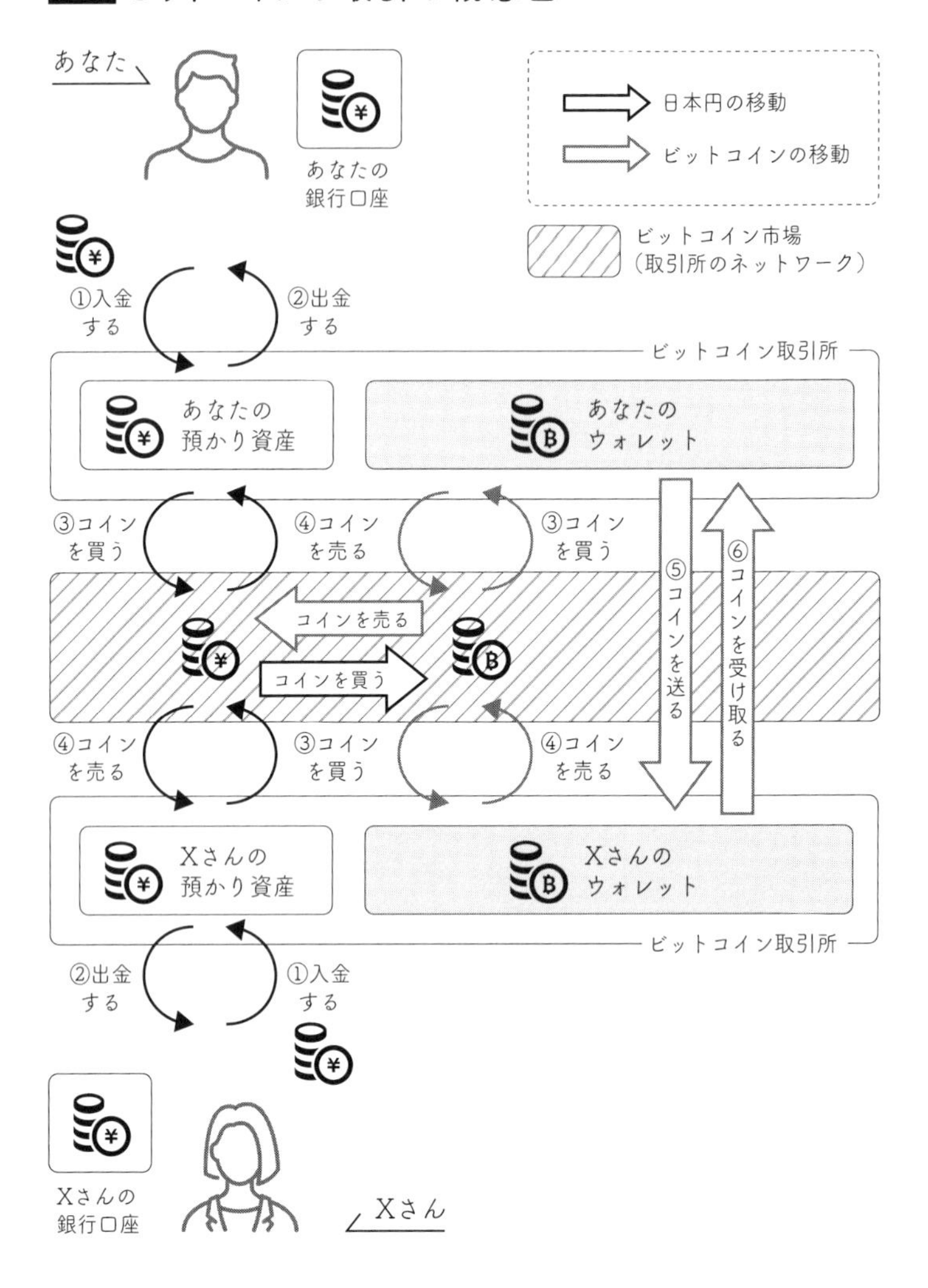

CONTENTS

最新　いまさら聞けない　ビットコインとブロックチェーン

PART

1

ビットコインって何なの？

PART

2

ビットコインの仕組みはどうなっているの？

PART

3

仮想通貨はどこまで安全なの？

PART

4

ブロックチェーンの進化と広がり

PART 5

イーサリアムが切り開く未来

※本書は、2017年に刊行された『いまさら聞けない ビットコインとブロックチェーン』を大幅に加筆修正し、再編集したものです。

PART

ビットコインって何なの？

PART 1

01

6つの顔を持つ ビットコイン

ビットコインは、①実体を持たないバーチャルなお金で（仮想通貨）、②電子データにすぎず（デジタル通貨）、③特定の国に属さず（国際通貨）、④みんなで運用し（分散型通貨）、⑤暗号を解く鍵がなければ送金できず（暗号通貨）、⑥投資対象でもあります（暗号資産）。

ビットコインは「仮想通貨」や「暗号資産」の一つといわれています。ただ、そうしたくくり方は、ビットコインが持つ一面を表すにすぎません。

ビットコインは、アナログの現金とは異なる「デジタル通貨」であり、特定の国に属さず、世界中で通用する「国際通貨」でもあり、誰かが一元管理するのではなく、世界中の人たちの手で運用される「分散型通貨」でもあります。

それぞれどんな意味なのでしょうか。現金や銀行預金との違いを明らかにしながら説明してみましょう。

実体を持たない「バーチャルなお金」

現金と聞いて最初に思い浮かぶのは、一万円札や、百円玉や五百円玉などでしょうか。日本の「円」や米国の「ドル」は、リアルな紙幣やコインとして手で触ることができ、財布に入れて持ち運ぶこともできます。

「仮想通貨（バーチャル・カレンシー）」であるビットコインは、実体を持たないバーチャルなお金なので、手で触ることはできません。しかし、「ウォレット」と呼ばれる専用の財布に入れて持ち歩くことができます。実は「ウォレット」もバーチャルな財布なのですが、スマートフォンやパソコンに「ウォレット」のアプリを入れておけば、いつでもどこでも使うことができます。

スマホを紛失すると「ウォレット」ごと盗まれる可能性もゼロとはいえませんが、いまは顔認証機能付きのスマホが主流です。また、紛失したときに、スマホのデータを消去できる仕組みもあるので、現金入りの財布を持ち歩くより安全といえるかもしれません。

ちなみに、ビットコインそのものはスマホにダウンロードされているわけではなく、たいていクラウド上に保管してあるので、スマホのデータを完全に消去しても、ビットコインが失われる心配はありません。別のスマホやパソコンからログインし直せば、ちゃんと残っているから大丈夫です。

持ち運び自由の「電子データ」

現金は、銀行に預けることもできます。みなさんが銀行に預けた現金は、一万円札や千円札のまま銀行の金庫に保管されているわけではなく、他の人に貸し出されたり、運用に回されたりして、リアルタイムで姿を変えていきます。そう考えると、預金通帳に記載された金額は帳簿上の数字、つまり電子データにすぎないわけです。

銀行預金は自由に引き出すことができます。ATMで引き出してはじめて電子データはリアルな現金に様変わりします。その意味で、銀行預金は、現金というよりも、デジタル通貨に近いものがあります。

「Suica」や「楽天Edy」などの電子マネー、「PayPay」をはじめとしたQRコード決済の普及によって、現金を持たない主義の人も増えています。小銭がジャラジャラあると財布がふくらんでかさばるし、札束を持ち歩くのも物騒だからです。

「デジタル通貨」でもあるビットコインは、電子データにすぎないので、どれだけ金額が大きくなっても、逆にいくら細かい金額に分けても、手間は同じで、かさばる心配もありません。1円単位の支払いから、財力がある人なら数百、数千万円単位の支払いまで、すべて同じ「ウォレット」を通じて行うことができます。

ただし、ビットコインをそのまま一般の銀行に預けることはできません。先ほども言いましたが、みなさんが手に入れたビットコインは、自分のスマホやパソコンにダウンロードされるわけではなく、取引所が用意したクラウド上に預けっぱなしになっています。

株を買っても株券の現物をもらうわけではなく、証券会社に預けたまま、売買の指示を出して実際の取引を代行してもらうように（現在はデジタル化されて株券そのものが希少ですが）、ビットコインの取引でも、みなさんはアプリで指示を出すだけです。実際の送金は、指示を受けてビットコインの取引所などが行います。

特定の国に属さない「国際通貨」

日本国内で「円」ですべての支払いが行われ、アメリカ国内では「ドル」ですべての用事が済むように、各国の通貨はその通貨を発行する国と切っても切れない関係にあります。日本銀行やアメリカのＦＲＢ（連邦準備制度理事会）、ヨーロッパのＥＣＢ（欧州中央銀行）など、各国の中央銀行は通貨を発行し、発行済みの通貨の量（マネーサプライ）をコントロールすることで、金利や景気に影響を与えています。

ビットコインはどこか特定の国や中央銀行に当たる組織が発行しているわけではありません。国によるコントロールを受けないので、世界中どこでも同じように使うことができます（その国に受け入れ体制ができていれば、の話ですが）。その意味で、真の「国際通貨」といえるでしょう。

「民主的な運用」と「分散型ネットワーク」

特定の国が発行・管理していないビットコインは、その代わりに、ネットワークに参加している人たちが主体となり、自分たちの手で運用しています。世界中のいたるところで1日24時間、365日行われている取引を、参加メンバーがお互いに承認し合うことで、「取引の正しさ」を担保しているのです。

それを支えるのは、P2Pネットワークによる分散処理システムです。くわしい仕組みは134ページで解説しますが、中央のサーバーで集中処理するのではなく、ネットワークにつながれたコンピューターが取引の正しさを承認するために、世界中で稼働しています。

誰かが一元的に管理するのではなく、メンバー相互の承認によって運用されているので、きわめて「民主的な通貨」ともいえるし、中央集権型のクライアント・サーバー方式とは正反対の「分散型通貨」ともいえるのです。

ビットコインは「暗号署名入り」の「台帳」技術

現金を所有することはできますが、ある特定の「一万円札」の持ち主が自分だと名乗ることはできません。お札に所有者の名前が書いてあるわけではなく、この一万円札もあの一万円札も誰のものでもないからです。

たまたま手にしたその人が一時的に「1万円という価値」を所有しているにすぎないので、もしその一万円札を誰かに盗まれ、どこかで使われてしまうと、「この一万円札は私のだから返して」という理屈は通じません。

ところが、ビットコインは、「電子署名」という暗号技術によって、現在の所有者に無断で送金できないようになっています（164ページ参照）。Aさんが所有するビットコインは、Aさんの許可なく、勝手にBさんのものにすることはできないのです。

それだけではありません。ビットコインには、過去と現在のすべての所有者が記録されています。たとえば、過去にAさんが10BTC（ビットコインの単位。「○円」「○ドル」のように表記するのと同じ）持っていて、そのうち3BTCをBさんに、1BTCをCさんに送り、

Bさんがさらに0・5BTCをDさんに送ったとすると、現在はAさんが6BTC、Bさんが2・5BTC、Cさんが1BTC、Dさんが0・5BTCもっていることになります。こうした履歴が全部「ブロックチェーン」と呼ばれる「台帳」に記録されているのです（128ページ参照）。

この「暗号」によって守られた「台帳」によって、ビットコインがどういう取引を経由して現在に至ったのか、必要があれば、後からさかのぼって確認することができます。このような性質があるため、実は、ビットコインをはじめとする仮想通貨の多くは、マネーロンダリングのような不正操作に悪用されにくいことは、意外と知られていません（196ページ参照）。

投資対象として魅力的な「資産」

ここまで見てきたように、ビットコインは現金の代わりになる「通貨」という面がある一方、実際にビットコインを買っているのは、何かの支払いに充てるためというよりは、投資対象として魅力を感じて買っている人がほとんどです。つまり、ビットコインを持っ

図03 ビットコインの6つの顔

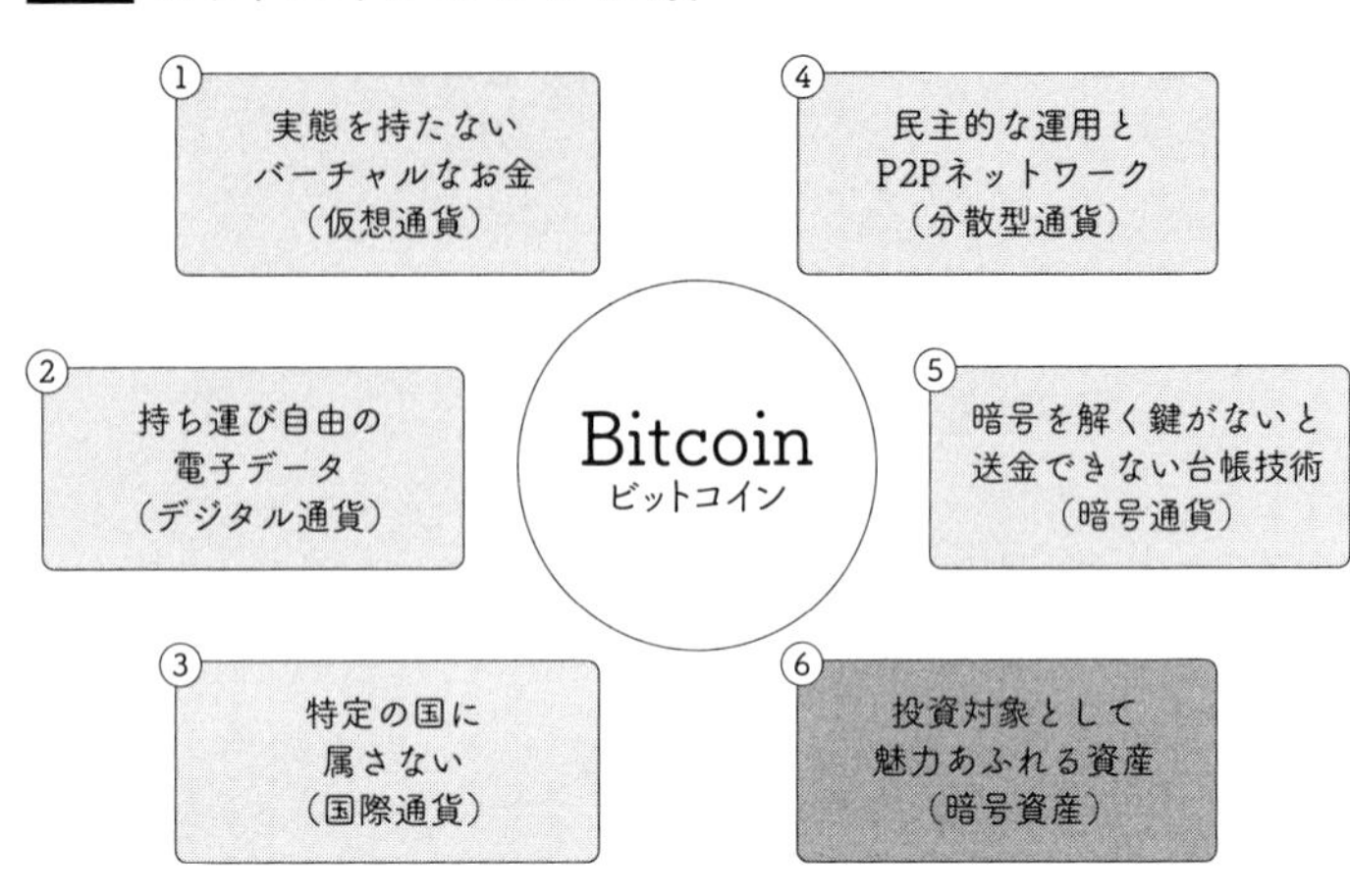

ておけば将来値上がりして儲かるはず、と期待して買っているわけです。

ビットコインをはじめとした仮想通貨のことを「暗号資産」と呼ぶことが増えていますが、それは株や債券、不動産、金（ゴールド）などと同じように、「資産（アセット）」としての価値を認めているからです。

株式や債券、不動産投資信託を買ったり、現物の不動産を買ったり、商品先物を買ったり、FX（外国為替証拠金取引）で外貨を買ったりするのと同じように、ビットコインをはじめとする暗号資産を買う。とくに、伸び盛りの暗号資産は、値上がり率の高いハイパフォーマンスの投資先として注目を集めています。

このあとくわしく見ていくように、ビットコインの基盤となる技術はまだ発展途上です。そのため、決済に時間がかかるなど、日常的な支払いに充てるには、使い勝手がよくない面がいくつもあります。

それもあって、ビットコインを買ったからといって、すぐに使う人はあまりいません。使えないから手元に置いておくしかないわけです。

では、なぜそんなものを買うのかといえば、このまま持ち続けていれば、もっと価格が上がって儲かるはず、と多くの人が期待しているからです。

長い目で見れば、テクノロジーがさらに発達して、「通貨」としての使い勝手も向上していくでしょう。そうなれば、給料をビットコインで受け取ったり、コンビニやスーパー、レストランの代金をビットコインで支払ったりする場面が出てくるかもしれません。

そんな将来を楽しみに待ちつつ、いまは、値上がり期待の有望な「資産」の1つとして、ビットコイン投資を楽しむのがいいのではないでしょうか。

PART 1
02

ビットコインはどうやって手に入れる？

ビットコインの入手方法は次の5つです。①外貨を買うのと同じようにビットコインを買う、②誰かから送ってもらう、③ポイントと交換する、④自分でビットコインを掘り当てる（マイニング）、⑤ビットコインを貸し出して利子をもらう（レンディング）。

ビットコインをはじめとする仮想通貨、暗号資産はどこで、どうやって手に入れることができるのでしょうか。

ビットコインを入手する方法は、大きく分けて5つあります。以下で、それぞれくわしく見てみましょう。

外貨を買うようにビットコインを買う

まず、ビットコインは通貨とほぼ同じですから、ほかの外貨と同じように買うことができます。

海外旅行に行くとき、日本円を支払って米ドルやユーロと両替するのと同じです。交換しているだけに見えますが、両替というのは円でドルを買っているわけです。逆もまたしかりです。

円を払ってビットコインを手に入れることを「ビットコインを買う」といい、ビットコインを払って円を手に入れることを「ビットコインを売る」といいます。たとえば、レートが「0・01BTC＝5万円」のときは、1万円出せば0・002BTC買えます。逆に、

0・002BTCを売って換金すれば1万円手に入る計算です。

こうした売買は、一般にビットコインを取り扱っている取引所を通じて行います。「取引所」といっても、銀行の窓口のようなものはなく、すべてオンラインで完結しているので、パソコン経由でネット接続するか、スマホのアプリの操作で購入します。これが最も一般的な入手方法といえるでしょう。

具体的な購入方法については、本書の冒頭で説明しました。まったくの初心者でも、それほど悩むことなく買えるはずです（9ページ参照）。

ビットコイン送金は手数料が破格に安い

2つめの入手方法は、誰かからビットコインをもらうことです。もらうといっても、ビットコインは手で触れることができないので、アプリを通じて誰かに送ってもらい、アプリでそれを受け取ることになります。

厳密にいうと、たいていの人はビットコインのデータそのものを受け取るのではなく、取引所から「受け取った」という通知を受けるだけです。その場合、送られたビットコインは、取引所があなたの代わりに保管します。手元にデータを保存するのではなく、クラウド上に保存しているイメージです。

ビットコインを受け取る方法は簡単です。専用アプリやウェブサイトでビットコインアドレスを取得し、送り手に知らせるだけ。やり方は本書の冒頭で説明した通りです（13ページ参照）。

離れた人同士がお金をやりとりするときは、現金書留郵便や銀行振込を利用するのが一般的ですが、郵便局やATMに足を運ぶ必要があり（オンラインバンキングを除く）、手数料もそれなりにかかります。

ビットコインなら、送金手数料が比較的安く、簡単なアプリの操作だけで24時間送ることができるので、友人に代わって立て替えておいた代金を回収するときや、定期的な仕送りなどで、ビットコインを受け取るケースが出てくるかもしれません。

特に、国をまたいだ国際送金は手数料がバカにならないので、外国の人とのお金のやりとりでビットコインを受け取るケースが増えることが予想されます（国際送金については122ページ参照）。

お店をやっている人は、支払い手段にビットコインを加えると、代金をビットコインで受け取ることになります。

クレジットカードと比べて手数料が安く、入金確認後すぐに現金化できるサービスもあるので、資金繰りの面でも有利です。

たまったポイントをビットコインに替えてもらう

3つめは、「楽天ポイント」や「Tポイント」などのポイントサービスでたまったポイントをビットコインに交換してもらうというものです。

たとえば、「楽天ポイント」が100ポイント以上ある人は、「楽天ウォレット」で専用口座を開設すれば、「1ポイント＝1円」でビットコインなどに交換してくれます。

いきなり現金を入金するのはちょっと……とためらいがちな人も、すでに自分が持っているポイントを振り替えるだけなら、気軽にビットコイン投資を始められるのではないでしょうか。

さらに、毎月電気代を払うだけでビットコインがもらえるサービスもあります。

「Coincheckでんき」では、電気代の支払いに対して数％のビットコインを毎月自動的に受け取ることができます。

電気代の支払いは毎月必ず発生するので、放っておくだけで、ビットコインが「自動積み立て」される、このサービスに興味のある人はウェブサイト（https://coincheck.com/ja/denki）をチェックしてみてください。

マイニングで新しいビットコインを掘り当てる

4つめは、ビットコインを新しく掘り当てる「マイニング（採掘）」です。

ビットコインは参加メンバーがお互いに承認し合うことによって運営されていますが、この承認作業を「マイニング」と呼んでいます。くわしい仕組みはあらためて説明しますが（136ページ参照）、10分ごとに「ヨーイ、ドン！」でマイニング競争が繰り広げられていると思ってください。

世界中で行われる取引を承認するだけでも膨大なマシンパワーが必要です。そのため、コストと時間をかけて承認レースに参加し、見事1着になった人には、報酬としてビットコインが支払われることになっているのです。

ビットコインは国や中央銀行のような発行主体を持たないと述べましたが、10分ごとに繰り広げられるマイニング競争の勝者に対して、一定のビットコインを新規発行することが最初から決められているのです。

お互いに承認する作業を無報酬のボランティア頼みにしてしまうと、やがて誰もやらなくなってしまうので、運営に積極的に参加してくれた人にはきちんと報酬が与えられるインセンティブ設計になっているわけです。

ちなみに、現在のマイニングの報酬は1回当たり「6・25BTC」です。「1BTC＝500万円」とすると、3125万円。これだけの金額がかかっているので、レースの参加者はみんな本気です。

ビットコインがまだ生まれたばかりで、少人数でやりとりしていたときは、個人のパソコンでもレースに参加することができましたが、現在は膨大なマシンパワーと電力が必要になっているので、とても一般の人が参戦できるレベルではありません。

ちなみに、ビットコイン価格が高騰し、マイニングがかなり儲かると知れ渡ってからは、マイニング専用マシンの価格もうなぎのぼりになり、最低でも1000万円単位、本格的に参入するなら数億円の投資が必要とされています。

しかし、わざわざ新規に掘り出さなくても、すでに大量のビットコインが流通していますから、みなさんは、市場に出回っているビットコインを買うのが手っ取り早い入手方法といえるでしょう。

手持ちのビットコインを貸し出して利子をもらう

ここまでの4つは、いままでビットコインを持っていなかった人が新たに入手する方法を中心に述べてきました。

しかし、長期的にビットコイン価格がきわめて順調に上がり続けたおかげで、すでに多くの人がビットコイン投資を始めています。その結果、ビットコインを持っている人の数もどんどん増えています。

たとえば、以前10万円で買ったビットコインが、いま15万円、30万円の価格になっていたら、誰でもうれしいものですが、5万円、20万円の「儲け」は「含み益」であって、ビットコインを売らない限り、手に入れることはできません。

しかし、これだけ価格が上がるなら、このまま持っていれば、もっと上がるはず、と思うのが人間です。

そこで、売らずにずっと保有し続ける人がたくさん出てきました。ガチでホールドし続けることから「ガチホ」とも呼ばれます。

自分のビットコインがいくらまで上がるのか、想像しながら持つのは楽しいものです。でも、売らずに持っているあいだは、ビットコインはずっと寝たままです。いま換金すれば、そのお金を別の投資に回して増やすことができたかもしれません。

そう考えると、売るのはもったいないけど、売らずに放置しておくのももったいないといえるでしょう。

そういう人たちのために、自分が持っているビットコインを事業者に一定期間貸し出して、その期間がすぎたら数%のビットコインを上乗せして返してもらう「レンディング」サービスが登場しました。

お金を貸せば、元本の返済に加えて利子がつくのと同じように、ビットコインを貸して、利子に相当する分もビットコインで受け取るわけです（レンディングサービスについては、310ページでもくわしく説明します）。

コインチェックでも「Coincheck貸暗号資産サービス」を提供していますので、興味のある人は、ウェブサイト（https://coincheck.com/ja/lending）をぜひチェックしてみてください。

PART 1
03

ビットコインはほかの「資産」とどう違う？

ビットコインは、①国に対する信用に基づく「ドル」や「円」と違ってアルゴリズムに対する信用がベースにあり、②レバレッジの上限が2倍で（「FX」は最大25倍）、③企業の成長に投資する「株」や「投信」と違ってテクノロジーの進化に投資する、のが基本です。

パート1の冒頭で、ビットコインは日常的な支払いに使う「通貨」という側面よりも、「資産（アセット）」としての側面が強いと述べました。似たような投資先として、外貨、株や債券、不動産などがあげられますが、ビットコイン投資はそうした投資とどこが違うのでしょうか。

それを考える前に、ここでは「資産」とは何かについて、あらためて振り返っておきましょう。

そもそも「資産」って何？

「資産」とはまず、①お金を出して買えるもの、です。

そのため、たとえば家族の思い出が詰まったアルバムが自分にとっていくら大事なものであっても、ほかに買いたいという人が現れず、値段がつかないなら、それは「資産」とはいえません。家族や友人・知人との大事なつながりは、自分にとっての「財産」かもしれませんが、お金で買えない限り、「資産」とは呼べないわけです。

さらに「資産」は、②（ある程度長い期間）価値がなくならないもの、であり、もっというと、③将来価値が増えると期待されるもの、であることが望ましい。というのも、せっかくお金を出して買っても、すぐになくなってしまったり、使えば使うほど価値が減ったりするものは、お金を出して投資する意味がないからです。

たとえば、食べ物や日用品は、買ったら（比較的短期間に）「消費」されます。仮に1年間とっておいたからといって、価値が増えることはありません（むしろ消費期限切れになって無価値になる可能性も）。衣料品は数年間もつかもしれませんが、いったん使ったら「中古品」で、メルカリで売ったとしても、買った値段以上になることはまれです。そうしたものをまとめて「商品」といい、一般に「資産」とは区別されます。

ただ、一部の希少な「商品」については、買った値段以上の値段で取引されることもあります。そういう激レアアイテムは、使わずにずっととっておくと、骨董的な価値が生じることがあります（古いおもちゃのコレクションなど）。お金を出してでもそれがほしいという人がいれば、そこにマーケットが成り立ちます。そういう意味では、一部の「商品」は「資産」に化ける可能性もないわけではありません。

「将来きっと値上がりする」という期待値

とはいえ、投資対象となるのは、ほとんどの人が「いま買えば、将来売るときに値段が上がっているはず」と思うものです。

100万円で買ったものを110万円になった時点で売れば、10万円の儲けです。しかし、100万円で買ったものが90万円に値下がりしたら、売らずに持っていたほうがいいかもしれません。売った時点で10万円の損が確定してしまうからです。いま買っておけば、将来値上がりして、その差額が儲けになる。逆にいうと、将来必ず値下がりすると思っていたら、最初から買う気にはならないでしょう。

ビットコインをはじめとする暗号資産が「資産」として認められているのは、将来きっと値上がりする、という期待値が大きいからです。とくに、世界的にお金がダブついて、金利が低く抑えられているだけでなく、コロナ禍もあって景気の先行きが不透明ないま、暗号資産は数少ない有望な投資先の1つとして注目を集めています。

ビットコインは「銀行預金」とどう違う？

低金利時代が長く続いた影響で忘れているかもしれませんが、銀行にお金を預けると、定期的に「利子」がつきます。つまり、銀行預金も、ごくわずかであっても将来価値が増えると期待される「資産」の1つに数えられます。

ビットコインと現金・預金との違いについては前項で解説したので、ここでは簡単に2つだけ指摘しておきます。

まず、手に入れたビットコインは、財布（ウォレット）に入れて自分の手元に置いておくこともできますが、取引所に預けっぱなしにすることもできます。つまり、「タンス預金」のように自分で保管する人もいれば、「銀行預金」のように取引所に預けて保管してもらう人もいるわけです。

人数でいえば、取引所に預けている人のほうが圧倒的に多数派です。その場合、売りたいときは、取引所に指示を出して売ってもらい、買いたいときも、取引所に指示を出して買ってもらうことになります。そのほうが全部自分でやるより簡単だし、安心できるというわけです。もちろん、自分が所有するビットコインの残高は、預金通帳と同じように、オンラインで確認することができます。

ただし、銀行預金と違って、暗号資産には預金保険制度はありません。銀行が潰れてしまったとしても、銀行預金は最大で1000万円まで保証されますが、暗号資産取引所が何らかの原因で潰れてしまった場合、そこに預けてあった資産は（一部を除いて）返ってきません。その点は注意が必要です（暗号資産を取引所に預けるメリット・デメリットについては、120ページと176ページで解説します）。

ビットコインは「ドル」や「ユーロ」とどう違う？

ビットコインは、ドルやユーロなどの外貨と同じように売買できます。「1ドル＝100円」なら、1ドル手に入れるために100円払い（ドル買い＝円売り）、1ドルを円に換金すれば100円手に入ります（ドル売り＝円買い）。同じように、「0・01BTC＝5万円」なら、0・01BTC手に入れるために5万円払い（ビットコイン買い＝円売り）、0・01BTCを円に換金すれば5万円手に入ります（ビットコイン売り＝円買い）。

違いがあるとすれば、「ドル」や「ユーロ」、そして「円」も、国や地域（厳密には中央銀行）が発行しているという点です。アメリカやEU、日本という国を信用しているから、1ドルは1ドル、1ユーロは1ユーロ、1万円は1万円の価値があるわけです。

そのため、国の信用が崩壊すると、その国の通貨は暴落します。過去に何度も起きた「通貨危機」は、その国の経済が破綻して、もう借金を返せないのではないかという疑いが生じたときに発生しています。つまり、国が信用を失った結果、その国の通貨が投げ売りされて暴落したわけです。ただの紙切れになる前に、安くても売り払って、少しでも回収したほうがいいからです。

それに対して、ビットコインは発行主体がありません。特定の国に属するわけでも、中央集権的に管理する組織があるわけでもありません（26ページ参照）。ならば、どうしてビットコインに価値があるかといえば、ビットコインを支える「ブロックチェーン」というテクノロジーに対する信頼があるからです。

あとでくわしく解説するように、ビットコインは高度な技術によって意図的に改ざんされたり、横取りされたりする心配がほとんどありません（158ページと164ページ参照）。それだけでなく、ブロックチェーンの基盤技術はこの先さらに発展して、使い勝手がよくなると期待されています。そうなると、いま以上に普及する（＝需要が増えて価格が上がる）可能性が高いともいえます。

しかも、ビットコインは特定の国の支配を受けないため、政治的に中立です。同時に、特定の国の経済状況にも影響されません。考えたくもない未来ですが、日本がもし何らかの有事に巻き込まれて、円が暴落したとしても、ビットコインはおそらく無関係です。それどころか、「円売り＝ビットコイン買い」が増大して、ビットコイン価格が跳ね上がるかもしれません。

ビットコインの価値は、国ではなく、それを支えるアルゴリズムに対する信用で成り立っています。ブロックチェーン技術はこれからもっと伸びるという期待が、「将来きっと値上がりする」という読みを支えているのです。

ビットコイン投資は「FX」とどう違う？

外国に行って現地通貨に両替したり、海外のECサイトでオンラインショッピングしたりするのを除けば、みなさんにとって、もっとも身近な外貨取引は、FX（外国為替証拠金取引）かもしれません。

ＦＸは少ない資金で気軽に始められる外貨投資として人気を集めています。通常の両替では、「1ドル＝100円」のときに1万ドルほしければ、100万円用意する必要があります（手数料は除く）。ところがＦＸでは、専用口座に数万～数十万円の「証拠金」を預けておけば、1万ドル以上の取引をすることも可能です。証拠金の何倍まで取引できるかを「レバレッジ」といい、日本では最大25倍と定められています。つまり、4万円の証拠金があれば「100万円＝1万ドル」まで取引が可能という計算です（手数料は除く）。

ビットコインをはじめとする暗号資産投資にもレバレッジがありますが、日本では最大2倍と定められています。つまり、100万円分の取引がしたければ、50万円用意する必要があるわけです。

このように、ビットコイン投資はＦＸよりもレバレッジ倍率が低く抑えられているため、少ない手元資金でより大きな金額を動かすことはできませんが、仕組みとしてはよく似ています。

もう1つ、違いをあげるとすれば、「米ドルと日本円」「ユーロと日本円」「ユーロと米ドル」「英ポンドと米ドル」のように、現実の貿易でも使われている通貨ペアは取引量が多く、流動性が高い組み合わせです。それと比べると、「ビットコインと米ドル」「ビットコインと日本円」の流動性はまだ低いといわざるを得ません。

その結果、いますぐ手元にあるビットコインを売って現金(日本円)がほしいと思っても、すぐには換金できない可能性があります。数万円程度なら問題ないと思いますが、売却額が1ケタ、2ケタ大きくなると、思うように売れないかもしれない。市場規模という意味では、両者にはまだ差があるということは、知っておいてほしいところです。

ビットコイン投資は「株」や「投信」とどう違う?

ビットコイン投資を株式投資と比べると、どんな違いがあるのでしょうか。

株式投資は、企業の成長に対する投資です。企業が成長すればリターンが出る。リターンの一部は「配当」という形で株主に還元されます。しかし、そういう直接的なリターンとは別に、企業が成長すれば、ふつうは株価も上がります。「安く買って高く売る」のが投資の王道だとすれば、その差額(値上がり益)を狙って投資する人が多いのも、ある意味、当然といえます。

「(株式)投資信託」は、いくつもの銘柄にまとめて投資します。たとえば、脱炭素の温暖化対策に積極的な企業群に対して投資するファンドは、そうした企業群全体の成長に賭けているといえます。いずれにしろ、「株」と「投信」は、企業の成長に対する投資ということができます。

では、ビットコイン投資は、何に対する投資なのでしょうか。くり返しになりますが、ビットコインには発行主体も管理主体もありません。そのため、成長・進化するのは、組織ではなくテクノロジーです。この先も技術革新が起きて、ビットコインはさらによくなる。そういう技術の成長に賭けているわけです。

パート4で紹介するように、ブロックチェーン技術を使った暗号資産は、ビットコインのほかにもたくさんあります。株で成長銘柄を選んで投資するように、アルゴリズムが信用でき、技術開発がどんどん進む暗号資産はどれか。逆に、かけ声ばかりで実際には開発が停滞している暗号資産はどれか。投資家が見極めるべきは、テクノロジーの進化のスピードと方向性です。

開発者コミュニティの盛り上がりをチェック

会社の成長を見極めるには、さまざまな財務指標を見比べるはずです。過去と比べてどれだけ伸びているか、同業他社と比べてどうか、業界平均と比べてどうか。そうした情報をもとに、投資先を選びます。

技術の成長に賭ける暗号資産投資で見るべき指標は、開発者コミュニティの盛り上がりです。ソフトウェア開発のプラットフォーム「ギットハブ（https://github.co.jp）」をのぞいてみると、さまざまなコインのオープンソース開発プロジェクトの動向を見ることができます。開発者コミュニティにどれくらいの人数が参加していて、どんな議論をしているか。進捗はどうか。どれくらいのスピード感で開発し、どれくらいの頻度でバージョンアップしているか。そうした点をモニタリングしていると、そのコインの成長余力がわかります。

コミュニティに参加している人の数が多ければ、それだけ開発スピードが高まると考えられます。ビットコイン（ＢＴＣ）やイーサリアム（ＥＴＨ。２９０ページ参照）の価格がなぜこんなに上がっているかは、開発者コミュニティの規模を見れば、ある程度想像がつきます。多くの人が開発に携わっているからこそ、似たような暗号資産があとから出てきたとしても、簡単には追い抜くことができないのです。

とはいえ、株式投資で財務指標などをほとんど見ずに、株価チャートの上げ下げだけをチェックして投資する人が大勢いるように、ビットコイン投資でも開発者コミュニティの状況を踏まえることなく、ビットコイン価格の動向だけ見て投資する人はたくさんいます。はじめてビットコインを買う人はとくにその傾向がありますが、ほかの暗号資産も買ってみようというときは、開発者コミュニティの盛り上がりをチェックしてみることをおすすめします。

売らずに持っておく人でも増やせる方法が出てきた

資産運用（投資）で得られる収入は、①安く買って高く売ったときの差額（キャピタルゲイン）、②長期間保有し続けることで定期的に得られる収入（インカムゲイン）、の2つに大別できます。

たとえば、株式投資では、安く買って高く売ったときの値上がり益（キャピタルゲイン）

を狙って買う人もいれば、定期的に入ってくる配当金（インカムゲイン）を目当てに買う人もいます。不動産の現物を買うときも、値上がり益（キャピタルゲイン）を狙って買う人もいれば、家賃収入（インカムゲイン）がほしくて買う人もいるでしょう。銀行預金には定期的に金利（インカムゲイン）がつきますが、価格が変動しないので、そもそもキャピタルゲインは発生しません。

ビットコインをはじめとする暗号資産では、売らずに持っておいて将来の値上がりに期待する投資が中心です。あとで見るように、ビットコイン価格のボラティリティ（変動幅）がきわめて大きいとはいえ、長いスパンで見れば、右肩上がりに上がってきています（59ページ参照）。そのため、いま売ってしまうのはもったいないと考える人が大半です。

しかし、売って利益（または損失）を確定しなければ、投資した資金は寝かせたままになってしまい、いつまでも回収できません。そこで、暗号資産を長期間保有したまま定期収入（インカムゲイン）を得る方法はないか、ということで登場したのが、自分が保有している暗号資産を貸し出し、利息を稼ぐレンディングサービスです。これについては、310ページでくわしく説明します。

PART 1
04

ビットコイン投資のメリットを教えて！

ボラティリティ（変動幅）がきわめて大きく、将来的な成長が見込めるビットコインは、魅力的な投資対象として注目を集めています。株価や債券価格、商品価格、外国為替相場とは別の要因で変動するため、分散投資のポートフォリオに組み込むとリスクを分散することができます。

ビットコインとそれ以外の投資先の違いについては、前回の説明でおわかりいただけたと思います。では、ビットコインに投資するというのは、どういうことなのでしょうか。ビットコインを買うことによって、どのようなメリットが期待でき、どのようなリスクがあるのか。あらためて考えてみたいと思います。

売り手と買い手の「相対取引」で価格が決まる

ビットコインは、円やドル、あるいは株と同じように、売ったり（ビットコインを支払って円やドルを手に入れる）、買ったり（円やドルを支払ってビットコインを手に入れる）することができます。

ビットコイン売買の基本は、「いくらで売りたい」という人と、「いくらで買いたい」という人がうまくマッチすれば取引が成立する「相対取引」です。ビットコインを売りたい人と買いたい人を結びつけるのが仮想通貨（暗号資産）の「取引所」です。

取引所は取引を仲介するだけで、プライス（価格）を決めるのは、あくまでマーケットに参加しているみなさんです。といっても、現実には、他の人たちがいくらで売り買いしているか、現在の取引レートがリアルタイムで表示されるので、それらを参考に自分でレートを決めて売買することになります（それとは別に、あらかじめ売値と買値が決まっている「販売所」方式もあります。その違いについては117ページで解説します）。

「取引所」と名前がついていますが、ビットコインには、「東京証券取引所」「ニューヨーク証券取引所」のようなリアルなセンターマーケットはありません。イメージとしては、マーケット参加者同士をネットワークで結んで売買している「ナスダック」市場に近く、証券会社に当たる取引所同士のネットワークを通じて、ビットコイン価格（取引レート）がリアルタイムで決まっていきます。

ボラティリティの大きさがいちばんの魅力

ビットコイン価格はつねに変動しているので、下がったときに買って上がったときに売れば、その差額が儲けになるのは、ほかのあらゆる投資と同じです。しかも、ビットコインはほかの投資先と比べて、価格の変動幅（ボラティリティ）が大きい傾向が顕著です。つまり、高いときと安いときの価格差が大きいため、うまく取引すれば、それだけ大きく儲

図04 ビットコイン（BTC）価格の推移（2017年～2021年）

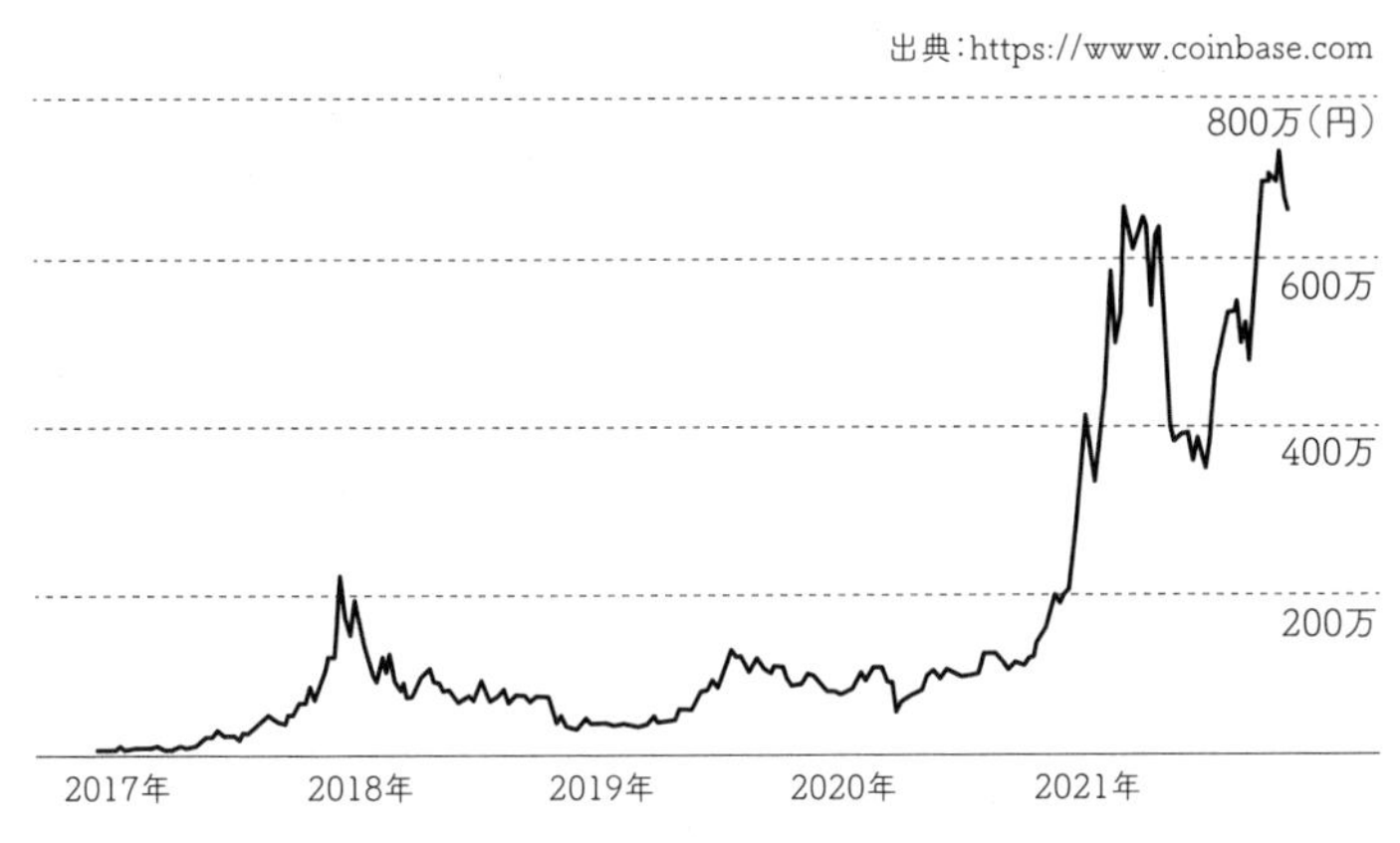

けることができます。

低成長に低金利のダブルパンチで、自分の資産をなかなか大きく増やせない時代にあって、ビットコインやその他の仮想通貨に注目が集まっているのは、ボラティリティの大きさに魅力を感じている人が多いからです。

最初にこの本（旧版）が出版された２０１７年当時は、「１ＢＴＣ＝10万円」前後でした。それが、２０２１年10月には、本書執筆時点の最高額「１ＢＴＣ＝７７７万円」まで急上昇しています。

5年で70倍というのは、驚くべき伸び率です。２０１７年に１００万円分のビットコインを買っていた人がいたとしたら、いまは７０００万円以上になっている計算です。その前年、2016年の後半は「1BTC＝6万円」程度でしたから、そこから2021年だと100倍を超えます。つまり、2016年後半の時点で100万円分買っていた人は、評価額が1億円以上の「億り人」になっている可能性が高いわけです。

世の中を広く見渡しても、ここまで爆発的に伸びる投資先というのは、きわめてまれです。多くの人がビットコイン市場に惹きつけられるのもうなずけます。

短期的に見れば、ビットコイン相場は円ドル相場などと比べて値動きが激しく、先読みしにくいかもしれませんが（ビットコイン価格がなぜ上下するかは66ページ参照）、長い目で見れば、ビットコイン市場そのものがまだまだ成長途上なので、将来的な値上がりが期待できそうです。

為替リスクの回避先として

ビットコインが普及するには、歴史的にいくつか重要な出来事がありましたが、そのうちの1つが、2015年6月のギリシャのデフォルト（債務不履行）危機でした。通貨というのは「信用」で成り立っていますから（95ページ参照）、国の信用が失われ、通貨が暴落するのではないかという不安が広がると、より安定した別の通貨が買われます。

リスクを回避するための「避難先」として、以前から「有事のドル買い」が有名でしたが、安定資産としての「円」も、リスク回避先の1つとみなされる傾向があります。それと同じように、ギリシャのデフォルト危機のときに競って買われたのがビットコインだったのです。

国が信用不安に陥ったときに、特定の国とは切り離された仮想通貨を買いに走るのは、人間に共通した心理かもしれません。2016年にリオ・オリンピックが開催される前のブラジルでも、レアルが暴落してビットコインの取引高が増えました。

これが10年前だったら、おそらくビットコインが買われることはなかったはずです。2008年にリーマンショックが起きて、既存の考え方や金融システムに対する信頼がいったん地に落ちた。いままで安全だと思われてきたものが安全でないとわかったとき、生まれたばかりのデジタルのお金はまだ多少不安なところもあるけれど、自分のお金の一部をビットコインに振り向けてリスクを分散しておこう、という発想が広がってきたのだと思います。

分散投資のポートフォリオに組み込む

「株価」は、景気や失業率、政権交代や治安の悪化、政治家や中央銀行総裁の発言、企業業績、画期的な新製品の発表、不祥事の発覚など、さまざまな要因で変動します。

国債や社債の「債券価格」も、金利の上げ下げ、財政難や経営危機、格付けの上げ下げ、デフォルトリスクの上昇など、変動の要因はさまざまです。

農産物や畜産物、原油、金（ゴールド）をはじめとした「商品（コモディティ）価格」も、天候や需給バランス、為替相場など、商品ごとに異なる要因で変動します。

「外国為替相場」も、各国の金利差や需給バランス、政府要人の発言、政変などの有事、国による為替相場介入などによって、目まぐるしく変動します。

大事なのは、これらの価格はそれぞれ別の要因によって動いているということです。お互いに連動することもありますが、株価が上がったときに債券価格が下がったり、石油が下がっても小麦が上がったり、同じ株でも銘柄Aと銘柄Bが異なる値動きをするのは当たり前で、違うからこそ同時に持つことでリスクを分散することができます。

1つの投資先にすべての資金を集中した場合、期待通りに価格が上昇してくれれば、大きく儲けることができます。投資した金額に対するリターンの割合でいえば、集中投資に勝るものはありません。

しかし、予想に反して価格が大幅に下落したときは、損失も大きくふくらみ、目も当てられません。そうした事態を回避するために、いくつかの投資先に分けて投資する「分散投資」の考え方が広まってきました。価格変動の要因やタイミングが異なるいくつかの投資先に資金を分散することで、1つの投資先で失敗しても、別のところで取り返せる可能性が高くなります。

分散投資における投資先の組み合わせを「ポートフォリオ」と呼びますが、大きく成長しているビットコインをポートフォリオに組み込むと、全体としてプラスのリターンが期待できます。それは、次の項目で説明するように、ビットコインの価格変動の要因が、ほかの投資先とは大きく異なっているからです。

株も債券も商品もドルも、さまざまな要因で変動します。ビットコインもさまざまな要因で変動しますが、株や債券や商品やドルの値動きとは、ほとんど相関関係がありません。つまり、分散してリスクをヘッジ（回避）する投資先として、ビットコインは非常に魅力的といえそうです。

株や投信、国債、外国債、商品先物などと同じく、分散投資先の新しい資産（アセット）の1つとして、ビットコインに対する関心が高まっています。

ビットコインの盛り上がりはバブルなの？

ビットコイン価格は順調に上がってきたとはいえ、短期的には大きく下がる局面が何度もありました。その下げ幅も大きいので、損切りのために焦って売ってしまった人たちにとっては、ビットコインは典型的な「ハイリスク・ハイリターン」の投資先に見えているかもしれません。

しかし、多くの人たちは、一時的に下げたとしても、ビットコインを持ち続けています。売らずに持っていれば、きっと上がる。そう信じているからです。

なかでも「ガチホ」勢は、短期的な相場の上げ下げに一喜一憂することなく、長期的な視点で保有し続けています。なぜかといえば、ビットコインを1つの産業として見たときに、まだまだ成長の余地が大きいからです。ビットコイン産業、ブロックチェーン産業全体の成長に賭けているので、まだ手放す時期ではないと思っているのです。

1969年に産声をあげたインターネットは、それからおよそ25年後にウインドウズ95が登場して本格的な普及期に入り、さらに25年以上経った現在、ここまで大きな産業群に育ちました。いまやインターネットは生活のあらゆる面に浸透し、ネットなしでは1日だってがまんできないほどのインフラになっています。

2008年に誕生したばかりのビットコインとブロックチェーンは、25年、50年という時間軸で見れば、まだほんの入り口です。そして、パート4や5でくわしく見ていくように、ブロックチェーン技術を使った新しいサービスが次々と生まれています。そう考えると、ビットコイン価格はさらに上がっていくのではないでしょうか。ガチホのみなさんはそこに賭けているのだと思います。

PART 1

05

ビットコイン価格はどう決まる?

買いたい人と売りたい人のバランスで価格(取引レート)が決まるのは外国為替と同じです。ビットコインはさらに、①各国の規制、②大口保有者の発言、③カーボンニュートラルとの関係、④法定通貨化の流れ、⑤4年ごとの半減期、の影響も受けます。

ビットコインはボラティリティ（変動幅）の大きさが魅力と述べましたが、そもそもビットコイン価格はどうやって決まっているのでしょうか。売り手と買い手は、何を見ながら売り値や買い値を決めているのか。どんな外部要因の影響を受けやすいのか。ビットコイン投資の基本をおさらいしておきましょう。

売り手と買い手の先読み合戦

株価や外国為替相場など、あらゆる市場がプレイヤー同士の「先読み合戦」によって決まるように、ビットコインの価格も売買する人たちの読み合いによって決まります。

あくまで先読みなので、経済状況が事前の読み通りに推移している限り、その変化は「織り込み済み」となって、トレンドに大きな変化はありません。価格が上がるトレンドなら上がり続け、下がるトレンドなら下がり続けます。

トレンドが大きく変化するのは、読みが外れたときです。予想に反して失業率が高かったり、業績が悪化したりすると価格は急落し、逆に予想外にＧＤＰ成長率が高かったり、画期的な新製品がリリースされたりすると価格が跳ね上がります。

ドル円相場に大きな影響を与えるのは、アメリカの雇用統計や、日本のＧＤＰ速報などの基礎的な情報だけではありません。たとえば、ＦＲＢ（連邦準備制度理事会）議長や、日本銀行総裁の発言は、政策当局から市場に向けたメッセージですから、市場の動向を読むには必須の情報です。

ところが、ビットコインの場合は、中央で管理している組織がありません。そのため、株や外国為替とは別の要因で動く傾向にあります。ここでは、ビットコイン価格に影響する代表的な要因をいくつか取り上げます。

各国のレギュレーション（規制）の動向

ビットコインは特定の国のコントロールを受けないグローバルな通貨ですが、世界中で流通するためには、当然のことながら、それぞれの国のルールが適用されます。

ビットコインを通貨として認めるか、それとも株や債券と同じ有価証券とみなすか。会計や税務上の扱いはどうするか。ビットコインの売買を仲介する取引所や、取引の承認作業を担うマイニング業者になんらかの縛りを設けるかどうか。

ビットコインの取り扱いは国ごとに違うので、新しいローカルルールが発表されると、ビットコイン価格は影響を受けます。

たとえば、2013年11月にFRBのバーナンキ議長（当時）が、それまで非公式な存在だったビットコインを認める発言をしたことで、ビットコイン価格が跳ね上がりました。

当局の締め付けによって「中国リスク」は減った

各国のレギュレーション（規制）の中で、最も注目を集めてきたのは、中国の動向です。ビットコインの取引量が最大（当時）で、マイニング業者もたくさんいた中国が、仮想通貨に対してどんなルールを設けるのか。当初からさまざまな憶測を呼んでいました。

しかし、中国共産党が国内の有力IT企業に対する締め付けを強化したのと同じように、共産党のコントロールが及ばない仮想通貨に対しても、監視の目を強めていて、2021年9月には、ついに中国国内における仮想通貨関連事業の全面禁止が発表されました。

それまでは、仮想通貨大国・中国の規制が強化されるたびに、ビットコイン価格が急落するという一連の流れがありましたが、今回の完全離脱によって、中国リスクは大きく減っていくものと思われます。

度重なる規制強化によって、現在、マイニングの中心は、中国から北米やロシアなどの寒冷地に移っています。マイニング専用マシンは複雑で高度な計算処理を休みなく延々とやり続けるため、熱をもちやすく、冷却装置が不可欠です。パソコンでも、重たいデータを処理するとCPU（中央演算装置）に負荷がかかって本体が熱くなりますが、それと同じです（マイニングのくわしい仕組みについては136ページを参照）。

冷却のための電気代もバカにならないので、いかにコストをかけずに冷やすかというのが、マイニング業者の儲けを左右します。それもあって、マイニング業者は電気代の安い寒冷地を転々とすることになるのです。

「大口保有者」の発言に注目が集まる

前回の本が出た2017年当時、ビットコインを買って持っているのは、大半が個人でした。しかし、2021年現在、ビットコインの大量保有者の上位リストには、アメリカの機関投資家（投資ファンド、保険会社、年金基金など）や一般事業会社が増えてきています。

既存のルールの枠組みの外で生まれたビットコインは当初、会計や税務上の扱いが不透明で、コンプライアンス（法令遵守）を求められるファンドや企業が手を出すのはむずかしかったのです。しかし、市場参加者が増え、取引量も順調に伸びて、社会的な「信用」が得られるようになると、企業の中にも、ビットコインの成長の果実を取り込みたい、というニーズが高まってきます。

そうした声に後押しされる形で、国によるルール策定が進んだ結果、いまでは、ファンドや企業も大手を振ってビットコインを買えるようになりました。もともと資金力がケタ違いの機関投資家が、分散投資のポートフォリオに組み込む資産の1つとして、ビットコインなどを購入すると、投資する金額の単位が大きいだけに、相場に大きく影響します。

そのため、ビットコインの大口保有者が何を買っているかをチェックすれば、自分の投資に役立てることもできそうです。

ビットコインの所有者は誰でも閲覧できる分散型台帳に記録されているので（128ページ参照）、大口保有者のリストも公開されています。「Bitcoin Rich List」で検索をかければ、いくつかのサイトがヒットします（たとえば、https://www.coingrab.net/richlist/ など）。

それもあって、いまでは中国よりもアメリカの動向が、ビットコイン価格に大きな影響を与えるようになっています。その象徴ともいえる存在が、テスラCEOのイーロン・マスクで、2021年には、彼の発言によって、ビットコイン価格が大きく乱高下するという「事件」もありました。

マイニングは「カーボンニュートラル」を実現できる？

ビットコイン価格に影響を与える最近のトピックとしては、ビットコインのマイニング（承認作業）は、はたしてSDGs（持続可能な開発目標）の考え方に沿っているのか、という問題があります。

先ほど述べたように、ビットコインのマイニングでは高度な処理能力を持つ専用マシンがフル稼働していて、そこで消費される電力量も膨大です。さまざまな推計がありますが、一説には、ビットコインのネットワークで消費される年間の電力量は150テラワットアワーを超えるとされ[1]、これはスウェーデン一国の年間電力消費量を上回るレベルです。

こうした電力の多くが、石炭や石油などの化石燃料を燃やすことで得られているなら、脱炭素（温室効果ガスである二酸化炭素の排出量を極力減らす）による気候変動対策という世界

1 電力多消費のビットコインが環境意識の高い欧州で注目される理由
https://business.nikkei.com/atcl/gen/19/00216/060300011/?n_cid=nbponb_twbn

的な流れに逆行している、とみなされかねません。

先ほどのイーロン・マスクの発言が注目を集めたのも、テスラ車の購入代金をビットコインでも受け付けると発表したわずか2か月後、化石燃料、とくに「最悪の排出源」である石炭の使用に懸念を表面し、ビットコインの受け入れ停止を発表したからです。さらに、マイニングに再生可能エネルギー由来の電力が使われるなら、テスラはビットコインの受け入れを再開するとツイートして、またしてもビットコイン価格を跳ね上げました。

なぜSDGsが注目されるかというと、ビットコインの大量保有者に機関投資家が増えたからです。社会的な要請に敏感な彼らは、脱炭素を推進する企業を支援する「グリーン投資」を本格化しています。ビットコインがSDGsに反するというレッテルを貼られると、投資した資金を引き上げ、ビットコインから手を引くことになりかねません。

ビットコイン推進派も手をこまねいているわけではありません。ツイッターCEOのジャック・ドーシーは、ビットコインを大量保有していることで知られています。ドーシー率いるモバイル決済サービスのスクエアは、2030年までに二酸化炭素の排出量を実質ゼロにする「カーボンニュートラル」を実現する計画で、ビットコインのマイニングが再生可能エネルギーと親和性が高いというレポートを発表しただけでなく、自ら資金を拠出して「ビットコイン・クリーンエネルギー開発イニシアチブ」を立ち上げるなど、活発に情報発信を続けています。[2]

ビットコインがついに「法定通貨」に

2021年9月には、中米のエルサルバドルが国家としてはじめてビットコインを法定通貨として認めました。[3] これにより、エルサルバドル国内の事業者はビットコインでの支払いを受け付ける義務が生じ、国民は納税を含むすべての支払いをビットコインで行えるようになります。

国民の7割が銀行口座もクレジットカードも持たず、おもにアメリカへの出稼ぎ組からの仕送りがGDPの2割を占めるとされる同国では、稼いだ米ドル（それまでは同国唯一の法定通貨だった）を母国に送金するときの手数料の高さがネックでした。そこで同国のブケレ大統領は、銀行を通さずに送金でき、手数料も破格に安いビットコインに目をつけたというわけです（ビットコインを使った国際送金については122ページを参照）。

ビットコインが日常の支払いにも使われるようになれば、使い勝手が向上したさまざま

2　米Square、ビットコインとクリーンエネルギーの親和性を唱える調査レポート公開
https://coinpost.jp/?p=239471

3　エルサルバドルの「実験」に世界が注目－ビットコインを法定通貨化
https://www.bloomberg.co.jp/news/articles/2021-09-07/QZ1HM5T1UM0Y01

なサービスが登場して、新たなエコシステムができるはずです。決済が滞らないためには、大量のビットコインが必要となるため、ビットコインに対する需要も高まり、長い目で見れば、価格上昇につながると期待されています。

バーチャルな世界で生まれたビットコインを、現実世界の正式な通貨と認めたエルサルバドルの「社会実験」には、経済が弱く、自国通貨が持てないほかの中南米諸国も関心を寄せています。もしそうした国々がドミノ倒しのように次々にビットコインを法定通貨と認めるようになれば、アメリカのお膝元に「ビットコイン経済圏」とでもいうべき、新たな通貨圏が誕生することになります。

基軸通貨のドルを通じて覇権を握ってきたアメリカが、そうした動きにどう対抗するのか。今後の展開から目が離せません（「デジタルドル」のような中央銀行デジタル通貨については、269ページでくわしく説明します）。

オリンピックイヤーに訪れる「半減期」

2020年に開催されるはずだった東京五輪はコロナ禍のため1年延長されましたが、

ビットコイン関係者にとって、2016年、2020年、2024年……と続くオリンピックイヤーは、4年に1回の「ビットコインの半減期」のお祭りとして知られています。

半分になるのは、ビットコインのマイニング（承認作業）に対する報酬です。136ページでくわしく説明しますが、ビットコインは、10分ごとにくり広げられる「承認レース（マイニング競争）」ですべての取引を承認することで成り立っています。レースの勝者だけが報酬（ビットコイン）を独り占めにできるので、レースに参加するマイニング業者は承認レースにのめり込むのです。その報酬が、2016年7月に25BTCから半分の12・5BTCに、2020年5月にはさらに半分の6・25BTCに減らされました。

なぜそんなことをするかというと、コンピューターの処理能力は年々向上するので、マイニングにかかるコストは、それに応じて減っていくと考えられるからです。

しかし、いきなり報酬が半分になってしまうと、マイニング業者のモチベーションは下がる一方です。ビットコイン価格が倍か、それに近い価格まで上がってくれないと、マイニング業者はコスト割れして、レースから撤退してしまうかもしれません。その場合、レースに参加する業者の数そのものが減るので、残った業者の勝率は上がります。つまり、仮に報酬が割安になったとしても、その分勝率が上がれば、ペイできる可能性が出てきます。

その一方、ビットコイン市場はまだまだ伸びるはずだと考える人にとっては、マイニング業者が減って、承認作業が滞ってしまうことは避けたい。そのため、「上がってくれないと困る」という心理が働きます。

マーケットの相場は参加者の先の読み合いによって決まるので、「上がってくれないと困る」「上がるはずだ」と思う人が多ければ多いほど、実際に値上がりする可能性が高くなります。結果として、幸いにも、半減期の前後でビットコイン価格は順調に上がり続けてきたわけです。

次の半減期は2024年の予定です。半減期を境にビットコイン価格が跳ね上がった経験をした人たちの多くは、次の半減期にも同じことが起きると期待するはずです。そうした期待(予測)がたくさん集まれば、実際に上がる可能性が高くなります。長期保有する人は、それを期待して待つのがいいかもしれません。

より本質的な情報がほしいなら「開発者コミュニティ」が狙い目

ビットコインを支えるブロックチェーン技術はまだ発展途上で、試行錯誤を続けている最中です。システム上の欠陥（バグ）も見つかれば、技術的なブレイクスルーも見つかります。

そこで以前なら、開発者コミュニティの動向によってビットコイン価格が上下するというケースがよくありました。ビットコインには中央で一元管理する組織がないため、関係者一同がカンファレンスに集まったりして、話し合いによって、運営上のルールや開発の方向性を決めています。時には話し合いがうまくまとまらず、分裂騒動が起きたこともありました（230ページ参照）。

当初、ビットコインを持っていたのは、テクノロジーに精通し、新しもの好きのギークな人たちに偏っていました。自ら開発者コミュニティに属する人も多かったわけで、その影響が大きかったのは、ある意味、当然です。

しかし、現在は、ビットコインは世の中に広く普及して、業界人ではない一般の人が多く保有しています。そうなると、あまり細かな技術の話は注目されません。それよりは、テスラやスクエア、投資会社アーク・インベストメント・マネジメントのような大口保有者、イーロン・マスクやジャック・ドーシーのような多くのフォロワーを抱えるツイッター上の有名人のほうが、はるかに影響力を持っています。

株式投資をする人が、投資の神様ウォーレン・バフェットが何を語るかに注目するのと同じです。それくらい、一般ユーザーまで普及したということでもあります。

とはいえ、株の世界で、バフェットのように長期保有前提の「バリュー投資」を目指す人は、日々のニュースに踊らされることなく、投資先の業績をくまなく調べ上げるように、開発者コミュニティでいま何がテーマとなっているかに注目すると、ビットコインやその他の暗号資産の将来性について、より深い情報を入手できるはずです。53ページで、開発者コミュニティの盛り上がりをチェックすると述べたのは、そういう意味です。

ほかにも、取引所がハッカーに狙われ、暗号資産が流出するといった事件があると、瞬間的にビットコイン価格が下がることがあります。しかし、過去の例ではその影響は一時的で、すぐに価格は回復しています。ビットコインを持っている人たちにも、そうした事実が知られるにつれて、落ち着いた反応が見られるようになってきました。

暗号資産のセキュリティについては、パート3でくわしく説明します。

PART 1
06

ビットコインは ほかの「決済手段」と どう違う？

ビットコインの単位は「BTC」ですが、電子マネーやクレジットカード決済の単位は「円」や「ドル」。電子マネーやクレカには物理カードがありますが、ビットコインにはありません。クレカの利用残高は一時的な借金ですが、ビットコインで払えば、承認され次第、決済が完了します。

ビットコインは、現状では将来の値上がりに期待する「資産（アセット）」という側面が強いのは事実ですが、現金に代わる「通貨」であることも忘れてはいけません。まだ日本国内では利用シーンが限られているとはいえ、海外ではビットコインで支払いができるお店もあり、手数料の安い送金手段としても一定の需要があります。

ここでは、従来からあるさまざまな「決済手段」と比べることで、ビットコインに何ができて、何ができないかを明らかにしてみましょう。

電子マネーは「デジタルマネー」であって「デジタル通貨」ではない？

電車やバスでの移動で交通系電子マネーを使っている人は多いと思いますが、日常的な支払いの場面でも、「Suica」や「楽天Edy」をはじめとした電子マネーの利用が進んでいます。

レストランやショッピングなど、数千〜数万円の支払いではクレジットカードを利用するという人でも、コンビニでの支払いや毎日のランチ代など、数百円程度の支払いは電子マネーで済ませるという人も多いのではないでしょうか。

電子マネーは、細かくいうと「先払い（プリペイド）方式」と「ポストペイド（後払い）方式」に分けられますが、どちらにしても「電子マネー」というくらいですから、「デジタルなお金」であることには違いありません。

では、「デジタル通貨」であるビットコインと、「デジタルなお金」である電子マネーはどう違うのでしょうか。

物理的なカードがない

一番わかりやすい違いは、ＩＣカードがあるかどうかです。スマートフォンで使う「モバイルSuica」ではなく物理的なカードのSuicaを持つ人がいるように、電子マネーは非接触型ＩＣカードとセットで普及しています。

ビットコインには物理的なカードはありません。取引所が提供する「ウォレット」のアプリをスマホに入れて使います。

ビットコインで支払えるお店は、まだ国内ではそれほどないため、コンビニやファストフード、牛丼、ファミリーレストランなどの支払いでビットコインが登場する機会はないかもしれませんが、お店側さえ対応していれば、支払い操作そのものは、ふつうのビットコインの送金と同じです。

つまり、お店がウォレットアプリに会計額を入力してビットコインアドレスを取得、そのアドレス宛にお客さまにビットコインを送金してもらえば、支払い完了です。アドレスをQRコードでやりとりすれば、お客さまのスマホでQRコードを読み取ってもらえばいいので、操作自体は簡単です。「おサイフケータイ」や「Apple Pay」のように、スマホを端末にかざす必要もありません。

ビットコインには国境がない

日本国内にいる限り、電子マネーとクレジットカードがあれば、たいていの支払いはできますが、海外へ行くと、日本の電子マネーはまず使えません。

しかし、もともと国が管理していないビットコインには国境がないので、サンフランシスコやニューヨークでも、日本国内にいるときと同じように利用できます。むしろ、ビットコインを実店舗で使うチャンスは、アメリカ西海岸や東海岸のほうがずっと多いといえるでしょう。

また、国内にいても、オンラインショッピングやネットサービスなど、インターネットを通じた支払いでは、徐々にビットコインを利用できるECサイトが増えています。

単位が「円」なのか、「BTC」なのか

さらに、本質的な違いは、ビットコインは独立した「通貨」であるということです。ビットコインの単位は「BTC」ですが、「Suica」や「楽天Edy」の単位はあくまで「円」。つまり、電子マネーというのは「円」や「ドル」の代替手段にすぎません。それに対して、ビットコインは円やドルと交換可能なお金そのものです。そこが、電子マネーやクレジットカードと根本的に違うところです。

また、電子マネーはJR東日本（Suica）、楽天（楽天Edy）など、特定の企業が提供しています。ビットコインには中心的な発行主体がなく、参加メンバーによる民主的な運営に委ねられているので、そこも大きな違いです。

クレジットカード利用残高は借金と同じ

では、クレジットカードとビットコインの違いは何でしょうか。

「ＶＩＳＡ」や「マスターカード」などのクレジットカード会社は、みなさんの代わりに一時的に支払いを立て替えてくれる存在です。つまり、利用者にとってカード利用残高は借金と同じです。

「クレジット」と名がつくことでわかるように、クレジットカード会社は利用者を「信用」して代金を立て替えています。しかし、無制限に信用するわけにはいかないので、カードのグレード（ゴールドカード、プラチナカードなど）や個人の支払い能力などに応じて、利用限度額という上限を設けています。毎月その範囲内なら自由に使っていいわけです。

ビットコインでの支払いは「通貨」の移動そのものなので、立て替え払いのように一時的に借金するわけではありません。決済での利用に関しては「信用」貸しはないということです（ビットコインそのものを売買するときは、現物がなくてもビットコインを借りて「信用取引」することができます）。

ビットコインには「信用」の枠がないため、保有している金額以上のビットコインを支払うことはできません。財布に千円札が1枚しか入っていないのに、2000円のものは買えないのと同じです。

カード情報を抜き取られる心配はない

クレジットカードはさまざまなシーンで使えるので便利ですが、あやしげなお店で利用すると、場合によっては、カード情報を抜き取られて、不正に利用されるかもしれません。インターネットでクレジットカードを使うのは不安だという人が多いのも、フィッシング詐欺などでカード情報を悪用されるかもしれないと感じているからです。

ビットコインによる支払いでは、そもそも物理的なカードがなく、自分から相手が指定するアドレスにビットコインを送金するだけなので、ウォレットIDなどの情報を相手に渡すわけではありません。また、電子署名という暗号で守られているので、送金中のビットコインが別の人に盗まれる心配もありません（164ページ参照）。

料金を支払ったのに商品が届かないといった詐欺にあう可能性はありますが、それはクレジットカード払いでも同じことです。

スマホの「〇〇ペイ」は基本的にクレカの仲間

スマホをかざすだけで利用できる「Apple Pay」や「Google Pay」は、国内でしか通用しない日本の電子マネーとは異なり、世界中で利用できるモバイル決済サービスです。しかし、基本的にクレジットカードを登録して使う仕組みなので、クレカ決済の延長上のサービスといえます。

同じく、「PayPay」や「楽天ペイ」などのQRコード決済は、各社がシェア獲得のためにポイントの大盤振る舞いキャンペーンを展開したり、お店側の手数料を無料にした影響もあって、一気に身近になりました。

ただ、銀行口座から直接チャージする場合は、電子マネーと基本的に同じで、登録したクレカからチャージする場合は、クレカ決済とほとんど同じです。その意味で、スマホを使ったキャッシュレス決済は、通貨そのものであるビットコインとは本質的に別物です。

他人への譲渡や売買が禁止されているポイント

「Tポイント」や「楽天ポイント」などのポイントサービスや、航空会社がフライトの距離に応じて付与するマイレージサービスにも、仮想通貨であるビットコインとよく似た特徴があります。

支払いごとに一定の割合（0・5～1％程度）で貯まるポイントは、たとえば「1ポイント＝1円」でカウントされ、同じ店舗（同一チェーンや提携企業を含む）での支払いに充てることができます。

ポイントを発行する企業からすると、ポイント会員をリピーターとして囲い込んだり、利用状況をチェックしてマーケティングに活用したりすることができます。「Tポイント」のような共通ポイントは、TSUTAYAやヤフー・ショッピング、ファミリーマート、吉野家、ガストなど、さまざまなシーンで利用できるので便利です。

とはいえ、あくまで支払額に応じて貯まるポイントなので、使える金額にはおのずと上限があります。

ビットコインは、実体のない支払手段としてはポイントカードと似ていますが、理屈のうえでは、利用先が特定の店舗（チェーンや提携企業）に限定されるわけではありません。また、ビットコインは、それ自体を売り買いすることもできるし、他人に譲渡することもできますが、ポイントカードは会員規約などでポイントの売買や他人への譲渡が禁じられているケースがほとんどです。

貯まったポイントを現金と交換できるサービスもありますが、その場合も「1ポイント＝1円」「100ポイント＝85円」のように、交換レートは固定されています。一方、仮想通貨であるビットコインでは、現金との交換レート（つまり売買価格）はつねに変動しています。

ゲーム内通貨の発展形

オンラインゲームでアイテムを購入したり、キャラクターを強化したりするのに使う「ゲーム内通貨」も、ビットコインとよく似た特徴を持っています。

ポイントカードのポイントやマイレージは、支払い額やサービスの利用度に応じて付与されますが、ゲーム内通貨はゲームの到達度に応じてもらえるだけでなく、お金を払って買うことができます。

ビットコインも元をたどれば、オンラインコミュニティ内だけで通じる「おもちゃのコイン」のようなものにすぎませんでした。それが「通貨」として認められるようになったのは、リアル世界のモノ（最初の取引はピザでした。104ページ参照）と交換する人が現れてからのことでした。

その意味で、ビットコインはゲーム内通貨の発展形といえなくもありません。

ただし、ゲーム内通貨は、そのゲームを運営する企業が発行・管理しているのに対して、ビットコインは特定の企業や国によって発行されるわけではなく、参加メンバー全員による民主的な運営によるところが大きく異なります。

PART

ビットコインの仕組みはどうなっているの？

PART 2
01

バーチャルなお金に価値が生じるのはなぜ？

円やドルに価値があるのは、みんなが価値があると信じているからです。「信用」こそがマネーの本質で、ビットコインの場合は「誰も偽造・改変できない」「特定の国や人の支配を受けない」「有限である」ことが信用を担保しています。

ビットコインは実体を持たないバーチャルなお金で、中身はただの記号にすぎません。

では、なぜそれが「通貨」としての価値を持つのでしょうか。

それを考えるために、まず「円」や「ドル」がお金としての価値を持っているのはなぜかを振り返ってみましょう。

金（ゴールド）の希少性

かつて金（ゴールド）本位制だったときは、紙幣というのはあくまで金（ゴールド）といつでも交換できるものという位置づけでした。

金（ゴールド）をいつも持ち歩くのは大変だし、盗まれたりする危険も大きいので、国庫（国の金庫）に預けておいて、国民はいつでも金（ゴールド）と交換できる「預かり証（金兌換券（だかん）と呼びます）」を使っていたのです。

しかし、そうなると、国庫（国の金庫）に入っている以上の紙幣は発行できません。国の経済力は保有する金（ゴールド）の量に比例することになり、金（ゴールド）の争奪戦が起きます。

有名なのは、19世紀の終わりに南アフリカで起きたボーア戦争です。現在でも、レアメタル（希少金属）の宝庫として知られる南アフリカの金鉱をめぐる戦争で勝利した「大英帝国」は、莫大な富（＝ゴールド）を手に入れ、この世の春を謳歌（おうか）します。

ところが、世界中に産業革命が浸透し、各国の経済が発展していくと、「国の経済力＝国が保有している金（ゴールド）の量」という関係にズレが生じます。

そもそも人類がこれまでに掘り出した金（ゴールド）の量は、全部あわせて18万トンあまり、50メートルプールに換算すると、3・7杯分程度しかないといわれています。

希少だから価値が高いわけですが、量が限られているだけに、各国が経済力に見合った金（ゴールド）を保有するのは困難です。

そのため、現在の通貨は金（ゴールド）とは完全に切り離され、各国の中央銀行が経済状況に応じて発行しています。

つまり、円やドルの価値は金（ゴールド）に裏付けられたものではなく、みんなが円やドルに価値があると信用しているから価値があるのです。

「信用」こそマネーの本質

円やドルが「信用」で成り立っているというのは、どういうことでしょうか。

考えてみれば、紙の一万円札をつくる原価は20円ほどにすぎません。銀行に預金してある1万円や電子マネーの1万円はただのデジタルデータなので、コストはほとんどゼロです。にもかかわらず、1万円が1万円として通用するのは、みんなが「1万円の価値がある」と信じているからです。

そうした「信用」を支えているのは、国に対する信頼です。

そのため、国の将来に不安を感じる人が増えると、円やドルの価値は下がっていきます。その結果、かつて1万円で買えたものが、1万1000円出さないと買えなくなったりします。

通貨の価値がそれだけ下がったわけです。

戦争に負けたり、内戦によって無政府状態に陥ったりして国の信用が完全に失われると、その国の通貨の価値は暴落します。

1000円で買えたお米が、1年後には1万円出さないと買えなくなり（モノの値段が10倍＝円の価値が10分の1）、その半年後には10万円出さないと買えなくなり（モノの値段が100倍＝円の価値が100分の1）、さらにその3か月後には1000万円で取引されている（モノの値段が1000倍＝円の価値が1000分の1）とすると、お金をいくら刷っても間に合いません。

これがハイパーインフレ（物価の暴騰＝通貨価値の暴落）と呼ばれる現象です。

誰も偽造・改変できない

では、ビットコインの信用はどこから生まれるのでしょうか。大きく分けると、3つあります。

1つは「誰も偽造・改変できない（はず）」という信用です。

中央集権的な管理組織を持たないビットコインの場合、みんなの「信用」を支えているのは、国や、その国の通貨を発行している中央銀行ではありません。

「全員が過去の取引記録を相互に承認する仕組み」があって、「誰もそれを偽造したり、過去にさかのぼって改変したりすることはできない」と信じているからこそ、そこに信用が生まれるわけです。

偽造・改変を防ぐブロックチェーンの仕組みについては、158ページでくわしく解説します。

特定の国の思惑に左右されない

2つめは、「特定の国や企業の思惑に左右されない」という信用です。

ビットコインは特定の国や企業によって発行されるものではありません。

10分ごとに行われるマイニングレースの勝者に対して、一定のコインが発行されるというのは、ビットコインの根幹に関わるルールなので、おいそれとは変更することはできません。

つまり、誰かが勝手にビットコインを大量に発行したり（流通量が急激に増えると通貨価値が暴落する）、恣意的に発行ペースを遅らせたりすることはできないのです。

世間に出回るお金の量（マネーサプライ＝通貨供給量）を意図的に増やして景気を刺激したり、意図的に絞って過熱気味の景気を抑えたりする金融政策は、各国で日常的に行われていますが、ビットコインの場合は中央銀行がないので、流通量をコントロールするという発想がありません。

そのため、どこか特定の国の思惑に左右されることなく、安定的に流通量が増えていきます。

日本やアメリカが崩壊しない限り「円」や「ドル」は暴落しないだろうというのも「信用」なら、ある特定の国が恣意的にコントロールできないからこそ信用できるというのも「信用」です。どちらを信じるかはあなた次第です。その意味で「信用」は「信仰」に近いものがあります。

また、ルールがオープンに共有されていることも、みんなが「信用」している理由の1つです。ルールをオープンに共有して民主的に運用するという仕組みは、インターネットととても相性がよいのです。

有限であること

そして、3つめはビットコインの総量があらかじめ決められている、つまり「有限であること」です。

仮想通貨はデジタルデータなだけに、その気になれば、無尽蔵に増やすことができそうですが、ビットコインは、あらかじめ上限が決まっていて、2100万枚発行された時点で打ち止めになります。計算上は、2141年に、すべてのビットコインが掘り尽くされる予定です。

古来、金や銀などの希少な金属が通貨の役割を果たしてきたのは、まさに量が限られているからです。

世界中で取引されている基軸通貨の米ドルが、金（ゴールド）と完全に切り離されたのは、いまからわずか40年ほど前のことです。それ以前は、金の「希少性（有限性）」こそ価値の源泉でした。

ビットコインも「希少（有限）」だからこそ、価値が認められているといえます。これについては、のちほど「半減期」のところでくわしく説明します（148ページ参照）。

ていきます。

ビットコインは金（ゴールド）とよく似た資産

ビットコインは、通貨というよりも、金（ゴールド）にいちばん近い存在だと私は考えています。

もともと発行数が有限だから希少価値が高いし、時間が経つほど採掘するのがむずかしくなるように設計されているからです。

石油や鉱物資源は掘りやすいところからどんどん掘って現金化していくので、あとになるほど採掘コストが上がる傾向にあります。残り物には福があるどころか、残り物ほど高価になるのが、鉱物資源の世界です。

ビットコインの採掘（マイニング）も、あとになるほど計算が複雑になり、掘り出すのがむずかしくなるので（難易度＝ディフィカルティが上がる）、それによって価値が上がっていくことが期待されています。

余談ですが、石油や天然ガスの場合、それまで採掘するのが技術的に困難だったシェール層からの採掘が可能になったおかげで、価格が世界的に下がりました。長年、最大の石油輸入国だったアメリカが輸出国に転じた「シェール革命」は、世界のエネルギーバランスを大きく変える出来事でした。ビットコイン採掘の難易度設計も、将来何かのきっかけで変わるかもしれません。

ビットコインが金（ゴールド）に近いと思っているのは、私だけではありません。そのものずばりの『デジタル・ゴールド　ビットコイン、その知られざる物語』（ナサニエル・ポッパー、日本経済新聞出版社、2016年）という本もあるほどです。ビットコイン黎明期の様子を描いたすぐれたノンフィクション作品なので、興味のある人は手にとってみてください。

PART 2
02

ビットコインはいつどこで生まれた?

ビットコインは特定の組織に属する開発チームでつくられたものではなく、「サトシ・ナカモト」が公開した論文に興味を持った人たちが分担してコードを書き、現在の形になりました。ビットコインは現実のモノと交換可能になってはじめて「通貨」としての価値を持ちました。

ビットコインの出発点は、「サトシ・ナカモト」を名乗る人物が２００８年11月に暗号理論に関するオンラインコミュニティで発表した「Bitcoin: A Peer-to-Peer Electronic Cash System（ビットコイン：Ｐ２Ｐ電子キャッシュシステム）」という論文です。

といっても、ビットコインは「サトシ・ナカモト」が単独で開発したものではなく、どこか特定の組織に属する開発チームでつくられたものでもありません。開発者のオープンなコミュニティの中で、「サトシ・ナカモト」が提唱したブロックチェーンの技術に興味を持った人たちが分担してコードを書き、徐々に現在の形に近づいてきました。

いわゆるギークな人たちが、仲間内で「ビットコインを掘り当てた」「ビットコインを送ってみた」と楽しんでいたのが、２００９年前後のことです。

発明者「サトシ・ナカモト」は誰か？

ビットコインの発明者である「サトシ・ナカモト」は日本人の名前に見えますが、その正体は謎に包まれています。

過去に何人か「サトシ・ナカモト」ではないかとされる人物の名前があがっていて、

2016年には、オーストラリアの起業家クレイグ・ライトが「自分がサトシ・ナカモトだ」と名乗り出て話題になりましたが、いまだに真相は藪の中です。

一説には、「サトシ・ナカモト」はビットコインをおよそ100万BTC（「1BTC＝500万円」とすると5兆円）も所有しているため、正体がバレると課税される危険があるから、名乗り出ることができないのだともいわれています。

ちなみに、サトシ・ナカモトの名前は、これ以上分割できないビットコインの最小単位「1satoshi＝0.00000001BTC」に残されています。

「ピザ2枚＝1万BTC」で最初の取引が成立

ビットコインが現実世界で通用する価値を持ったのは、現実のモノと交換できるようになってからです。塩が貴重だった時代には、塩と何かを交換して、塩が通貨としての価値を持ちました。ビットコインもモノと交換できるようになってはじめて現金と同じ価値を持ったのです。

マイニングによってビットコインを掘り当てたといっても、それはただのデータのかたまりにすぎません。

最初はそこらへんに落ちている石ころと同じで、何の価値もありませんでした。そのため、特定のゲームの中だけで通用する「ゲーム内通貨(ポイント)」と同じで、いきなり円やドルなどの現金に換金できたわけではありません。

最初に現実世界で通用する「通貨」としての価値を持ったのは、2010年5月22日のことでした。

フロリダ在住のプログラマーが「ビットコインでピザが買いたい」とビットコイン開発者のフォーラムに投稿し、それに応じたピザ屋がいて、「ピザ2枚=1万BTC」で取引が成立します。それまでただのデータにすぎなかったビットコインが、はじめて現実のモノと交換でき、リアルに価値を持った瞬間です。

現在、5月22日は「ビットコイン・ピザ・デイ」と呼ばれて、ビットコイン関係者のお祭りの日になっています。

ちなみに、ピザ屋が手にした1万BTCを現在のレート(1BTC=500~600万円)に換算すると5~6億円。とんでもない高値のピザだったことになります。ただし、そのピザ屋がその後ずっとビットコインを売らずに持っていればの話ですが。

「値」がついた瞬間から「価値」が出る

ビットコインをピザと交換できたということは、米ドルとも交換できるということです。たとえば、「ピザ2枚＝20ドル」だったとすると、この時点で「ピザ2枚＝1万BTC＝20ドル」という等式が成り立ちます。そして、米ドルと交換できるということは、日本円とも交換できるわけです。

仮想通貨に限らず、いったん「値」がつけば、それは経済活動に組み込まれます。たとえば、ある特定のゲームの中で、アイテム交換のために使われる「ゲーム内通貨（ポイント）」も、お金を出してでも、その「ゲーム内通貨」がほしいという人が現れて、それをネットオークションなどで取引できるようになれば、ただのデータに「値」がつきます。

理論上「交換できる」というだけではなく、いつでも交換可能な「場」があれば、そこに市場が立ち上がります。

売りたい人と買いたい人がいるなら、両者を結びつけてマッチングすれば、あらゆるモノやサービスは、取引の対象になるのです。
そこにリアルかバーチャルかという区別はありません。

PART 2
03

ビットコインは誰が運営している？

特定の国や企業、団体が発行しているわけではないビットコインには、もともと運営主体はなく、関係者による話し合いで運営されています。開発者コミュニティ、マイニング業者、取引所、サービス事業者、エンドユーザーがビットコインのおもなステークホルダーです。

オープンソース・プロジェクトで開発が進められているビットコインは、特定の国や企業、団体によって発行・管理されているわけではありません。

そのため、開発の方向性やルールづくりも誰かからのトップダウンで一方的に決められることはなく、関係者による話し合いで決められています。パート1の冒頭で述べたように、国に属さない「国際通貨」であり、中心を持たない「分散型通貨」であり、「民主的な通貨」でもあるわけです。

では、ビットコインは誰がどのように運営しているのでしょうか。

ここでは、ビットコインの関係者をまとめて紹介します。

デベロッパー・マイナー・取引所・サービス事業者・エンドユーザー

ビットコインの関係者を同心円状で表したとすると、円の中心付近にいるのは、初期のころからビットコインの開発に携わってきたコア・デベロッパーといわれる人たちです。

彼らがビットコインのソフトウェアを実際に開発しています。開発者コミュニティの重要性については、53ページでも説明しました。

図05 ビットコインの利害関係者

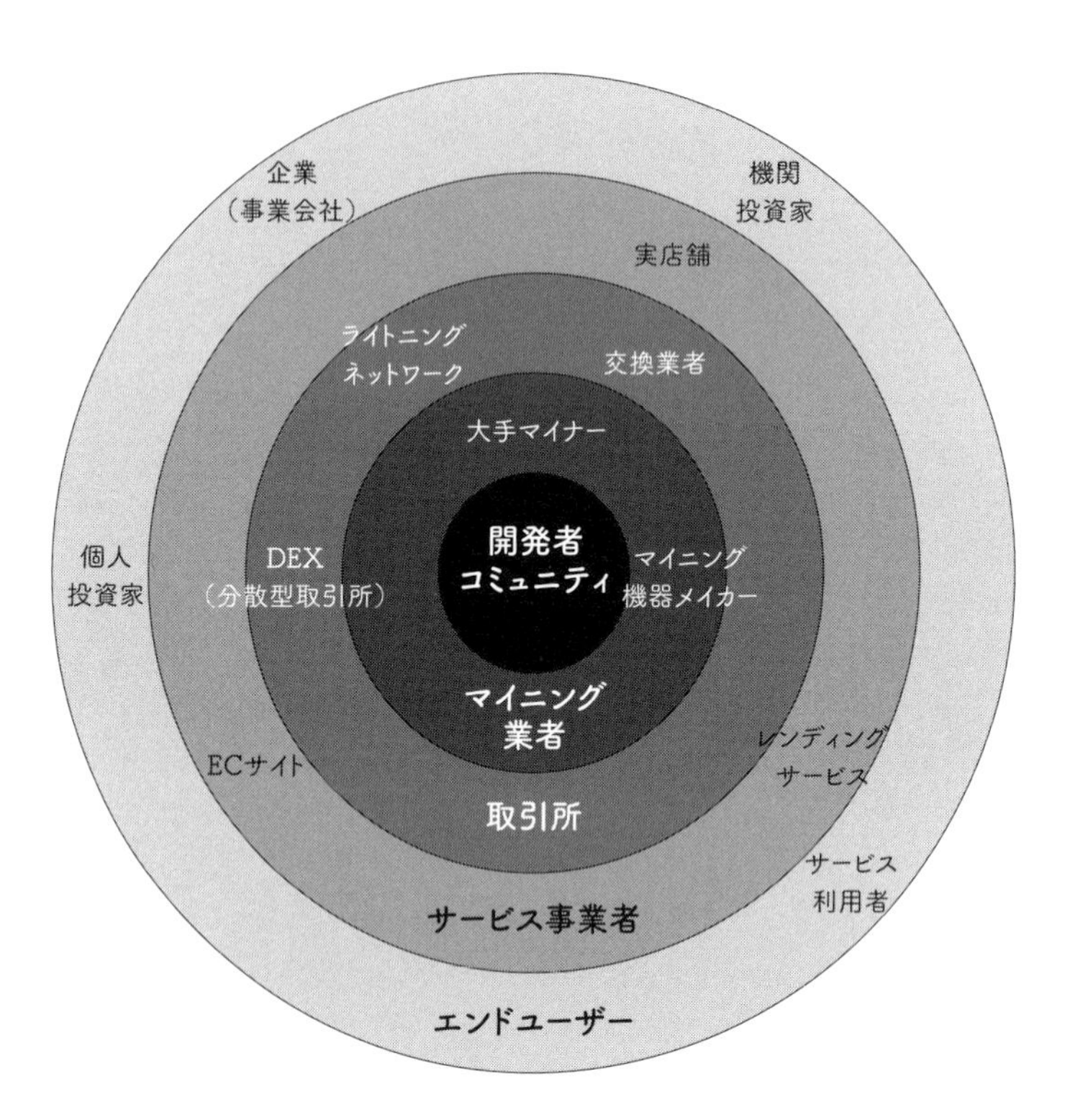

そのすぐ外側には、世界中で行われているビットコインの取引を承認し、新たなビットコインを掘り出している「マイナー（採掘者）」と呼ばれる人たちがいます。後ほどくわしく説明しますが（136ページ参照）、マイナーを担当するマイニング業者がスパコン並みのマシンパワーと電気代を負担して、すべての取引を承認してくれているから、ビットコインという仮想通貨が成立しているのです。

その外側には、実際にビットコインの取引を仲介している私たちコインチェックのような「取引所」があります。

取引所が行っているのは、おもにビットコインの「交換」と「保管」と「送金」です。「交換」というのはビットコインを円やドル、あるいはほかの仮想通貨と交換することで、ビットコインの売買そのものです。交換によって得られたビットコインを、取引所はユーザーのみなさんに代わって「保管」しています。さらに、手続きが簡単で、手数料が比較的安い「送金」は、ビットコインの得意分野の1つです（取引所の役割については、次の項目であらためて説明します）。

さらにその外側には、ビットコインを使ったサービスを展開する「事業者」がいます。手持ちのビットコインを貸し出すレンディングザービス（310ページ参照）、ビットコインで支払いを受け付けるＥＣ（電子商取引）サイトやリアル店舗などがそれに当たります。

いちばん外側にいるのが、エンドユーザーであるみなさんです。

ユーザーが直接ビットコインを売り買いすることもできますが、ビットコインを自分で管理するには、それなりの手間とリスクがあります。そこでビットコインそのものは取引所に預けておいて、そのうえで売買や送金の指示を出すという取引のしかたが一般的です。

話し合いによる運営

開発者とマイナーなど、ビットコインのおもな関係者は、不定期に開かれるビットコイン・カンファレンスに集まり、今後の方向性について議論しています。

もともとの設計思想として、中央にサーバーがあって誰かがそれを管理するシステムよりも、みんなで分散管理するシステムのほうが民主的で、コストもかからないから、そのほうがいいという発想があります。

中央にサーバーがあると、どうしてもそれを運営する人に権力が集中するというか、そこが力を持つことになります。既存の通貨の場合、それが国であり、中央銀行であったわけです。

ところが、国が何でも決めるのはよくない、国は信用できないと考える人たちもいます。そういう人たちは、そもそも誰かの指図を受けるのが大嫌いなので、全員が、自分の自由意志に基づいて参加し、メンバー間に序列がなく、みんなの話し合いによってルールをつくり、個々の取引に問題がないか、相互に承認し合うシステムのほうが、心地よいと考えるのです。

全員参加による意思決定を重視するという意味では、ラディカルな民主主義であり、政府を信用しないという意味では、無政府主義（アナキズム）に近い発想でもあります。ビットコインやブロックチェーンの背後には、もともとそうした思想が埋め込まれているといえるかもしれません。

PART 2
04

「取引所」の役割って何？

取引所の役割はおもに3つです。①ビットコインと円やドル、ほかの仮想通貨を交換する場を提供する（取引所方式）。自ら取引の主体になることもある（販売所方式）。②ビットコインをユーザーに代わって保管する。③ユーザーの指示にしたがってビットコインを送金する。

先ほど、ビットコインの取引所はおもに、ビットコインの「交換」と「保管」と「送金」を行っていると述べました。これらの役割について、もう少しくわしく見てみましょう。

取引所は「いつでも交換可能な場」を提供する

ビットコイン取引において、いつでも交換可能な「場」を提供するのが、「取引所」です。交換するのは、「円とＢＴＣ（ビットコインの通貨単位）」「ドルとＢＴＣ」のように、法定通貨とビットコインだけではありません。「ＢＴＣとＥＴＨ（イーサリアムの通貨単位）」「ＢＴＣとＸＲＰ（リップルの通貨単位）」「ＥＴＨとＸＲＰ」のように、仮想通貨同士を交換することもできます。

いずれの場合でも、売りたい人と買いたい人を結びつけて、売買を仲介するのが「取引所」の役割です。プライス（価格）を決めるのは、あくまでマーケットに参加しているみなさんなので、現在の取引レートを参考にしつつ、自分の懐具合と相談しながら、「いくらで買いたい」「いくらで売りたい」と取引所に指示を出して、売買してもらうことになります。

ビットコイン取引は、相手がいてはじめて成り立つ「相対取引」ですから、いくら自分が「○円で売りたい」「○円で買いたい」といっても、その値段で買ってくれる／売ってくれる相手が見つからなければ、売買は成立しません。それでも売りたければ／買いたければ、取引レートを変えて相手を探す必要があります。逆に、もしそのレートで不満なら、自分が「売りたい」「買いたい」と思えるタイミングまで静観していればいいわけです。

センターマーケットを持たないナスダック方式

「取引所」と名前がついていますが、ビットコインには、「東京証券取引所」「ニューヨーク証券取引所」のようなリアルなセンターマーケットはありません。イメージとしては、マーケット参加者同士をネットワークで結んで売買している「ナスダック」市場に近く、証券会社に当たる取引所同士のネットワークを通じて、ビットコイン価格（取引レート）がリアルタイムで決まっていきます。

世界のあちこちに取引所ができ、自国の通貨といつでも交換できるようになれば、それだけビットコインの流通量も増えていきます。流動性が高まれば、使い勝手がよくなって通貨としての価値も上がる。つまり、実際に使えるから信用され、さらに価値が上がっていくのです。

「取引所」と「販売所」の違いは？

「取引所」と似たようなものに「販売所」があります。同じ「暗号資産交換業者」が「取引所」と「販売所」の両方を運営していることも多いので紛らわしいのですが、両者にはいくつか明確な違いがあります。

まず、「取引所」経由でビットコインを売買するのは、あくまでユーザー同士です。ユーザー同士がさまざまなモノを売り買いするヤフオクやメルカリと同じで、「取引所」は売りたい人と買いたい人をつなぐだけの存在です。そのため、いくら自分が「売りたい」「買いたい」と思っても、その値段で取引してくれる相手（ユーザー）が見つからなければ、売買は成立しません。

一方、「販売所」は業者が持っているビットコインをユーザーに売り、自腹でユーザーからビットコインを買います。アマゾンから直接モノを買う（話がややこしくなるので、マーケットプレイスは除きます）とき、代金をアマゾンに払うのと同じで、この場合の取引相手はあくまで「販売所」です。販売所があらかじめ売値、買値を決めているため、ユーザーに選択の余地はありませんが、取引相手が見つからなくて売れない／買えないという事態はほとんどありません。

そうした違いがあることから、「取引所」と「販売所」では、取引の際にかかる、いわゆる「手数料」に違いがあります。

「取引所」では売買を仲介するだけなので、一般に、手数料は安く設定されています。なかには手数料が「無料」の取引所もあります。

一方、「販売所」の場合は、同じビットコインでも、売るときの価格設定と買うときの価格設定に差をつけています。つまり、ビットコインを「安く買って高く売る」ことで儲けているのです。購入価格と売却価格の差を「スプレッド」といいますが、このスプレッドが販売所の取り分で、実質的な「手数料」になっています。

たとえば、購入レートが「1BTC＝530万円」、売却レートが「1BTC＝500万円」のとき、0・01BTC買えば5万3000円、0・01BTC売れば5万円

図06 取引所と販売所の違い

	取引所	販売所
取引相手	ユーザー同士	販売所 ⇔ ユーザー
売値／買値	ユーザーが決める	販売所が決める
取引の タイミング	相手が見つからなければ 不成立	買いたいときに買える 売りたいときに売れる
手数料	安い／無料	購入価格－売却価格 ＝スプレッド（割高）
注文の わかりやすさ	現在レートに合わせて売買する「成行注文」、あらかじめ購入／売却価格を決めておき、その価格になったら自動で売買される「指値注文」など、取引には多少の慣れが必要	価格が決まっているので直感的にわかりやすい（初心者向き）

図07 取引所方式と販売所方式

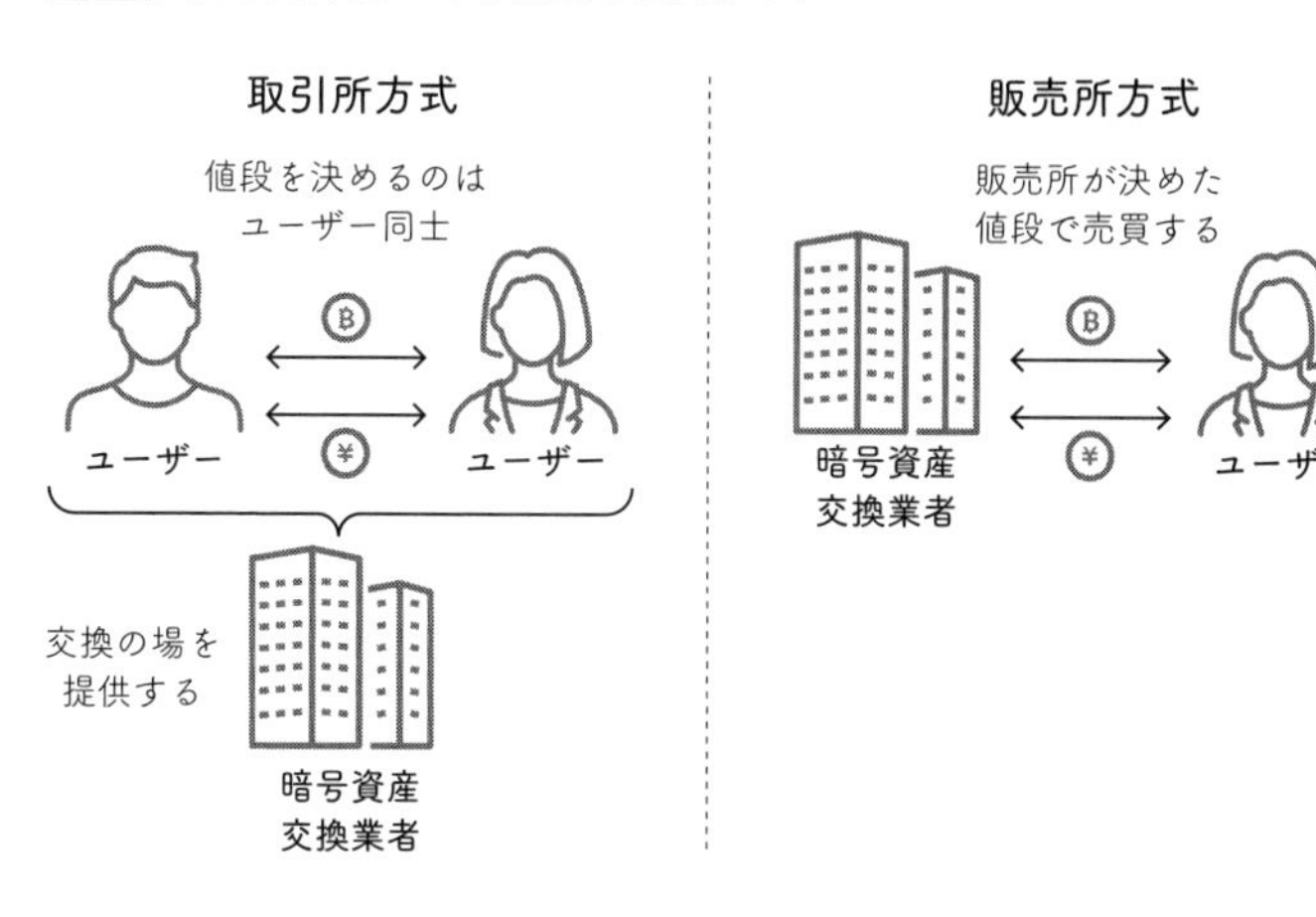

です。その差3000円がスプレッドで、これが販売所の取り分になります。ユーザーから見ると、買った瞬間に売れば3000円損することになるため、儲けるためには、少なくとも3000円以上値上がりするのを待つ必要があるわけです。

このように、「販売所」は売りたいときに売れ、買いたいときに買えるというメリットはありますが、実質的な手数料が割高なので、しょっちゅう売買するにはあまり向かないという面があります。

こうした違いをユーザー視点でまとめたのが前ページの図です。

ビットコインの保管口座

取引によって手に入れたビットコインは、自分のスマホやパソコンに直接ダウンロードすることもできますが、多くのユーザーは取引所に預けたままにしています。銀行預金と同じように、ユーザーのビットコインを「保管」しておくのが、取引所の2つめの役割というわけです（正確にいうと、ダウンロードしたり、預かってもらったりするのは、ビットコインそのものではなく、ビットコインの「秘密鍵」です。173ページ参照）。

その場合、自分の手元にビットコイン（の秘密鍵）があるわけではないので、みなさんが手持ちのビットコインを売るときも、取引所に「○BTCを売って」と指示を出すだけで、自分で送ったりする必要はありません。銀行預金でも「誰々の口座にいくら送金して」とアプリを操作するだけで、送金（振り込み）が完了するのと同じです。

ビットコインはデジタルデータにすぎないといっても、それ自体が価値を持つ「お金」です。そのため、手元に保管する、たとえば自分のスマホやパソコンにデータを格納しておくといっても、誤ってデータを削除してしまったり、スマホごとなくしてしまう恐れがあります。取引所に預けておけば、そうした余計な心配とは無縁でいられます（ビットコインのセキュリティについては、パート3でくわしく説明します）。

では、なぜ自分の手元にダウンロードする人がいるかというと、「タンス預金」と「銀行預金」のどちらが信用できるかという話と同じで、世の中には、銀行なんて信用できないという人もいれば、そもそも預金口座を持っていない人もたくさんいるわけです。そういう人にとって、信用できるのは「銀行」ではなく「現金」です。それと同じ意味で、取引所に預けるよりも自分で持っていたいという人が一定数います。

自主独立の国アメリカには、国や大企業は信用できない、自分のことは自分で決めるというリバタリアン的な思想の持ち主がかなりいます。ビットコイン自体も、特定の国に属さない「国際通貨」であり、特定の企業の支配を受けない「民主的な通貨」であり、一か所でまとめて管理しないことでリスクを分散する「分散型通貨」なわけです。そういうビットコインのもともとの性格を考えても、取引所がみんなのビットコインを「まとめて保管」することを、あまりよく思っていない人がいるのも事実です。

国際送金はビットコインの得意技

取引所のもう1つの役割として、ビットコインを誰かに送る「送金」があげられます。ビットコインを「資産」として値上がりするまで持っておくのではなく、「通貨」として使う対象だととらえ直すと、みなさんにとっていちばん身近なのは、おそらく外国にお金を送ったり、外国からお金を受け取ったりする国際送金です。国をまたいでお金を動かす手段として、ビットコインはすぐれています。

なぜかというと、銀行を経由した従来の国際送金は時間もかかるし、送金手数料もバカにならないからです。

たとえば、外資系企業でアメリカに本社があって日本に支社（子会社）がある場合、あるいは逆に、日本企業がアメリカに支社（子会社）を持っていた場合、円からドル、ドルから円に資金を行ったり来たりさせるだけで、二重に手数料をとられてしまいます。

そのとき、「円→ビットコイン→ドル」「ドル→ビットコイン→円」のように、あいだにビットコインをかませるだけで、時間は大幅に短縮され、手数料も安くなるのです（ただし、まとまった金額の国際送金については、ビットコインよりもステーブルコインに注目が集まっています。248ページ参照）。

国際送金に関するレガシーシステム

銀行経由の国際送金では、顧客から送金指示を受けた国内銀行と、送金先の外国銀行が相互に口座を持っていれば、その口座を使って資金を振り替えればいいのですが、そうでない場合は、それぞれの銀行と相互に口座を開いている別の銀行（コルレス銀行という）にあいだに入ってもらう必要があります。

たとえば、日本の地方銀行からシンガポールの銀行に米ドルを送るとすると、外国為替を扱っている東京のメガバンクと、グローバル展開しているニューヨークの銀行を経由している可能性があります。あいだに入るコルレス銀行の数が増えれば、それだけ手数料は跳ね上がるし、途中で口座番号を間違えるなどの事務手続き上のミスが発生すると、送金がストップしてしまいます。

銀行経由の送金手数料が高いのは、基本的に人間がチェックしているからです。あいだに複数の銀行をはさんだ煩雑な手続きをすべて人間がチェックしているから、ミスも起きやすく、人件費も加算されます。人間がやっていたことをコンピューターで自動化すれば、膨大な処理を一瞬でこなせるようになるので、手数料をかなり安く設定しても十分元は取れるのです。

国際送金に関する銀行間のやりとりにはSWIFT（Society for Worldwide Interbank Financial Telecommunication：国際銀行間通信協会）」のシステムが使われています。各国の加盟銀行にはSWIFTが発行するコードが割り当てられ、それが「住所」の役割を果たしています。こちらの「住所」からあちらの「住所」に「いくら送るか」という暗号化されたメッセージをやりとりするのがSWIFTの果たす役割です。1970年代からあるレガシーシステムのため、処理も重く、コストも割高です。

テクノロジーを使って人間の面倒な仕事を自動化すれば、誰もが早く、安く、質のいいサービスを受けられるようになります。ブロックチェーン技術を使った仮想通貨に注目が集まるのも、それが大きな理由の1つです。

専用ウォレットの操作だけで送金が完了

ビットコインの送金は、「ウォレット」と呼ばれる専用アプリを通じて行います。やり方はとても簡単で、相手のビットコインアドレスがわかっていれば、その場ですぐに送金できます。

この「ウォレット」は、「財布」というよりも、イメージとしては「銀行預金口座」に近いものです。口座にある残高の範囲内で送金でき、誰かから送金してもらうこともできます。

しかし、現金そのものが入っている本物の「財布」と違って、ウォレットにはビットコインそのものが入っているわけではないので、ウォレットアプリの入ったスマホを紛失しても、ビットコインは失われません（クラウド上に預かってもらっているから）。その意味でも、

「財布」というより「銀行口座」そのものを持って歩くイメージに近いと思います。

ただし、ビットコインのウォレットが銀行口座と大きく違うのは、送金（振込）先の口座番号の扱いです。

銀行口座の場合は、原則として1人1個の決まった口座番号を持ち、振込先も毎回同じ口座番号になります。

ビットコインの場合は、原則1人1個のウォレットを持つところまでは同じですが、送金先であるビットコインアドレスは無数に発行できるため、毎回違う番号（ビットコインアドレス）を発行して送金してもらうのが一般的です。つまり、1つのウォレットの中に無数のアドレスがある状態です。

ビットコインのアドレスを「口座番号」にたとえて説明するケースもあるようですが、むしろ、別アカウントで管理する「複数のメールアドレス」に近いものだと思ったほうがいいかもしれません。Aさんは相手によって複数のメアドを使い分けていて、Bさんとやりとりするための16ケタのアドレス、Cさんとやりとりするための16ケタのアドレスといったように、それぞれ別々のアドレスを持っているというイメージです。

ちなみに、インターネットの住所であるIPアドレスが自動で割り当てられるように、ビットコインの送金先であるアドレスも毎回自動で割り当てられます。相手から「このアドレスに送金して」と指示されるので、そこに送ればいいだけです。

PART 2
05

ブロックチェーンってどんな技術？

ブロックチェーンはP2Pネットワークを利用した「分散型台帳」技術です。数百から数千個のビットコインの取引記録（トランザクション）をまとめたブロックをみんなで手分けして承認し、1本のチェーン（鎖）の形で共有しています。

ビットコインを支えるブロックチェーンの技術について、あらためてくわしく見てみましょう。

ビットコインの1つひとつの取引は「トランザクション」と呼ばれ、すべてのトランザクションは「AさんからBさんへ○BTC移動する」という形で記録されます。

AさんがBさんにビットコインを売る（＝BさんがAさんから買う）場合も、AさんがBさんにビットコインを送る（＝BさんがAさんから受け取る）場合も、AさんがBさんに何かの代金をビットコインで支払う（＝BさんがAさんから受け取る）場合も、「AさんからBさんへ○BTC移動する」という形で表現することができるからです。

未承認のトランザクションが積み上がっていく

ビットコインの取引は世界中で24時間、365日行われています。取引はすべてオープンになっているので、https://blockchain.com/explorer を見ると、最新のトランザクションがリアルタイムで更新されていくのがわかります。

しかし、ビットコインの取引はお互いに承認し合ってはじめて成立するので、この段階では、すべての取引は「未承認」の状態です。そこで、ビットコインでは未承認のトランザクションをおよそ10分ごとにまとめてひとつの「ブロック」とし、それを一括して承認する仕組みを採用しています。

新しく承認されたブロックは、すでに承認済みのブロックをひとつづきにした一本の「チェーン（鎖）」の最後尾にガチャンとはめ込まれて追加されます。ここでようやく取引が成立するわけです。

逆にいうと、「AさんからBさんへ○BTC移動する」という指示を出しても、そのトランザクションを含んだブロックが承認されない限り、取引は完了しません。ビットコインの送金指示から取引完了まで時間がかかるのは、承認待ちの列に並んでいるからです。

手数料によって優先順位を上げる

承認待ちの待ち時間を短くする方法もあります。トランザクションに手数料を上乗せするから、「この取引を早めに承認して」というわけです。たとえば、1回送金するのに0・0002BTC（「1BTC＝500万円」なら「1000円」）の手数料を上乗せするといった具合です。

　トランザクション手数料は、送金を代行する取引所がそれぞれ独自に設定しています。小口の送金など、大半の取引では手数料は固定されていますが、送金額が大きかったりして、いち早く処理してもらいたい場合は、手数料をさらに上乗せすることもできます。

　承認作業をするマイニング業者にしてみれば、手数料が高いほうが取り分は増えるので、そうしたトランザクションを優先的にブロックに取り込むようルールが整備されています。取引所からすると、手数料を高めに設定すれば、自分のところの取引を早く承認してもらえるようになります。逆に、手数料を無料に設定した場合は、承認されるまでに数日から数週間かかる可能性もあるというわけです。

ハッシュ関数によってハッシュ値を生成

　個々のトランザクションは、ハッシュ関数という特殊な関数によって規則性のない一定の長さの文字列（ハッシュ値といいます）に置き換えられます。ハッシュ関数にかけると、どれだけ大きなサイズのデータでも、同じケタ数のまったく異なる文字列に置き換えることができるので、暗号技術でよく使われます。

たとえば、ここで仮に「ＡさんからＢさんへ１ＢＴＣ移動する」という日本語の文字列を「ＳＨＡ２５６」というビットコインで利用されるハッシュ関数にかけると、

2E1A6323AD1223B3365E05DEF84D1AB22346C0BADC994AA1097D538CFDF048E6

という64ケタのハッシュ値が得られます。次に、０をひとつ加えて「ＡさんからＢさんへ10ＢＴＣ移動する」という文字列を同じ「ＳＨＡ２５６」にかけると、

0E5F09F9D3FA7C509D9CAFD775FA6C9CC23EBE30104D0FD4DEACD61E245468CA

という64ケタのハッシュ値が得られます。

入力データをわずかでも変えるとまったく異なるハッシュ値が出てくるのが、ハッシュ関数の特徴です。そして、入力データからハッシュ値を生成するのは簡単ですが、ハッシュ値から元のデータを割り出すことはできません。つまり、不可逆的で、後から勝手に変

更できないのです。それによって、取引が改ざんされることを防いでいるのです。

71万個のブロックがつながる一本の鎖

暗号化された個々のトランザクションは、10分ごとにまとめられてブロックに格納されます。1つのブロックには数百から数千のトランザクションが含まれています。

ここでは話を単純化するために、1個のブロックに100個のトランザクションが含まれるとしましょう。すると、ビットコインが誕生して最初の取引から、100回目の取引までは、1番目のブロックに格納されることになります。2番目のブロックには101から200回目、3番目のブロックには201から300回目のトランザクションが格納されていて、100番目のブロックには9901から1万回目の、1000番目のブロックには99001から10万回目のトランザクションが格納されるというわけです(正確にいうと、手数料の高いトランザクションほど優先的に承認されるので、必ずしも取引が行われた順番通りにブロックに格納されるわけではありません)。

ブロックはおよそ10分ごとに承認され、最後尾に追加されていくので、1時間で6個、

1日で144個、1年で52560個のブロックが新たに追加されていくことになります。2021年11月時点のブロック総数はおよそ71万。[1]つまり、71万個のブロックがつらなる、枝分かれのないたった一本のチェーンに、過去のすべてのビットコインの取引の記録が残されているのです。ブロックがチェーン状につながっているから「ブロックチェーン」というわけです。

ブロックのつなげ方には規則があり、新しいブロックを最後尾につなげるには、規則に則った「鍵」を見つける必要があります。この「鍵」を見つける作業を「マイニング（採掘）」と呼んでいます。マイニングについては、次の項目であらためて説明します。

ちなみに、一度チェーンの最後尾につなげられたブロックの順番を後から入れ替えることはできません。その理由も後の項目で明らかになるでしょう。

P2Pネットワークを利用した「分散型台帳」

ブロックチェーンは、どこかのサーバーで一元管理されているのではなく、世界中に散らばった複数のコンピューターにまったく同じものが保存されています。中心に国や企業

1 Bitcoin半減カウントダウン | Binance Academy
https://academy.binance.com/ja/halving

がいて、そこが管理・運営するセンター方式ではなく、個々のユーザー同士をネットワークで結んで直接データをやりとりする「ピア・ツー・ピア（Peer to Peer。P2Pとも書く）方式」を採用しているからです。

ブロックチェーンのことを「分散型台帳」と呼ぶことがあるのは、P2Pネットワーク（分散型）で管理・運営される取引記録の一覧表（台帳）だからです。

紙の帳簿にたとえると、まず過去の取引が全部記載された帳簿があり、次に新しい取引がある程度たまったら、別の紙にその取引を全部書き写して、帳簿の最終ページに貼り付ける。こうしてできた帳簿の最新バージョンを、一か所に保管しておくのではなく、盗難防止のためにコピーを何部か用意して、それぞれ別の場所に保管しておくイメージです。

ビットコインの取引を1個ずつ個別に承認せずに、数百から数千個の取引をまとめて承認しているのは、同じブロックチェーンを、ネットワークにつながった複数のコンピューターがそれぞれ保存しているからです。取引が発生するたびに、毎秒数十から数百回にわたってネットワークにつながるすべてのコンピューターを同時に更新するのは物理的に不可能なので、10分ごとにまとめて承認しているわけです。

PART 2
06

マイニングって具体的に何をする？

ビットコインの取引はお互いに承認し合ってはじめて成立します。この承認作業が「マイニング」で、10分ごとにレース形式で行われます。レースの勝者だけがビットコインを「掘り当てる」ことができるので、「マイニング（採掘）」と呼ばれています。

前項で「マイニング（採掘）」とは、新しいブロックを、過去のすべての取引記録が記載されたチェーンの最後尾にガチャンとはめ込むための「鍵」を見つける作業だと説明しました。

具体的に何をしているのか、もう少しくわしく見てみましょう。

任意の文字列を片っ端から試す「プルーフ・オブ・ワーク」

個々のトランザクションがハッシュ関数によって64ケタのハッシュ値に置き換えられているように、実は、個々のブロックもハッシュ関数によって64ケタのハッシュ値に置き換えることができます。

そして、新たにブロックを追加するときは、「直前のブロックのハッシュ値＋今回のブロックに含まれる全取引データ＋任意の文字列」を同様に64ケタのハッシュ値に置き換えたうえで、最初の19程度の文字がすべて「0」になるような任意の文字列を見つけなければいけないと決まっているのです。

この任意の文字列をナンス（Number used once）といいます。文字通り「1回だけしか使えない」、それ自体には何の意味もない文字列です。

ナンスはランダムな32ビットの値なので自由に決めることができますが、文字が1つでも違えば、生成されるハッシュ値もまったく違ったものになります。つまり、任意のナンスを片っ端から当てはめて、しらみつぶしに調べる必要があるのです。

このしらみつぶしの試行錯誤を「プルーフ・オブ・ワーク（Proof of Work：PoW）」と呼んでいます。

前項で2つのハッシュ値の例をあげましたが、たまたま生成されたハッシュ値の最初の19の文字がすべて「0」になる確率がどれだけ低いか、想像もつきません。気が遠くなるような回数の試行錯誤が必要なのです。

0000000000000000000a91c26189de16097218259192370e344e79dad4491635

ランダムに現れるハッシュ値の最初の19の文字に「0」が並ぶ確率がいかに低いか

何億回、何兆回にも及ぶ試行錯誤を、わずか10分のうちに行うわけですから、膨大なマシンパワーと電力が必要です。しかし、何か意味のある計算をしているわけではなく、たまたま、ハッシュ値の最初の19程度の文字が「0」になるようなナンスを探しているだけです。

これがプルーフ・オブ・ワークの実態です。

10分ごとにくり広げられる承認レース

プルーフ・オブ・ワークは1人で行っているわけではなく、10分ごとに、世界中のマイニング業者が参加してレース形式で行われています。そして、条件を満たすナンスを最初に見つけた人が勝者となり、その報酬として、新たに発行されたビットコインがもらえるのです。

レースの勝者だけがビットコインを「掘り当てる」ことができるから、「マイニング（採掘）」と呼ばれています。

残念ながら、一番になれなかった二番手以降の人たちは、最初に見つかった鍵が正しい鍵かどうかを確かめます。

鍵を見つけるまでは大変ですが、その鍵が正しいかどうかは一発でわかる。それがこのマイニングレースのおもしろいところです。

数人が「この鍵は正しい」と承認した段階で、それは正式なブロックと認められて、ブロックチェーンの最後尾に新たに追加されます。

そのような競争を10分ごとにくり広げているのです。

毎レースはおよそ10分で決着がついてしまうので、誰かが勝者になるたびに、新しいレースが「ヨーイ、ドン」で始まります。

鍵を見つけるプルーフ・オブ・ワーク自体は、総当たり方式でひたすら試行錯誤するだけですので、ハイスペックなマシンを惜しげもなく投入したマイニング業者のほうが有利になります。

とはいえ、マイニングの難易度は時間が経つにつれて、どんどん上がっていきます。

考え方としては、円周率のπを計算するときに、1億桁目の数字を見つけるのと、1億1桁目、1億2桁目の数字を見つけるのでは、桁数が増えるほど、難易度が上がっていくのと同じです。

現在は0が19個並ぶハッシュ値を探していますが、これを20個に増やせば格段に見つかる可能性が減るわけです。

勝者だけが報酬としてビットコインをもらう

マイニングレースに参加する人たちのモチベーションはずばり、報酬としてビットコインをもらえることです。

毎回数式をいちばん先に解いた人は、6・25ビットコインを得ることができます。「1BTC＝500万円」だとすると「6・25BTC＝3125万円」です。つまり、1回鍵を見つけるためのコストが3125万円以下なら儲けが出る計算です。

ただし、レースへの参加者が多ければ、それだけ勝者になる確率は下がります。自分のマシンスペックだと、どれくらいの頻度で一等賞になれるのか。そうしたことを含めてコスト計算する必要があります。

マイニングレースで勝利を収めるには、倉庫などのスペースに専用マシンを大量に買って並べ、フル稼働させる必要があります。それだけのコンピューターが四六時中稼働していれば、当然、熱がこもります。冷却のための電気代もバカになりません。

マイニングの報酬が、賃料＋マシン購入費＋電気代などのコストを上回れば、それが利益となります。

今のところビットコイン価格は順調に推移しているので、きちんと利益が出ています。つまり、コストをかけてでも掘り出す価値があるということです。

とはいえ、レースに参加するための初期コストはどんどん上がり続けています。いまや数億円単位のお金をかけないと勝負の土俵にも上がれない状況になっています。

参入のためのハードルがこのまま上がっていけば、やがて資本力のある数社だけがレースに参加する寡占状態になるかもしれません。

高騰するマイニング専用マシン

ビットコインのマイニングには、マイニングに特化した集積回路（Application Specific Integrated Circuit：ＡＳＩＣ）を搭載した専用マシンが不可欠です。

有名なのは、中国に拠点を置く大手マイニング機器メイカー、ビットメインやマイクロＢＴのマシンです。ところが、これらのマイニング機器は現在、入手が困難になってきています。

なぜかというと、スマホやパソコンにとどまらず、自動車をはじめ、さまざまなＩｏＴ（モノのインターネット）機器にも半導体が搭載される世の中にあって、世界的に半導体不足が顕著になっているからです。

その結果、半導体工場の製造ラインが、需要が逼迫（ひっぱく）しているスマホ向け、自動車向けに押さえられてしまうという現実があります。

マイニング用のＡＳＩＣまでなかなか回ってこないため、マイニング機器の価格がどんどん上がってきています。

しかし、高いお金を払ってもペイできるなら、ビジネスとして成立します。

いまのところ、ビットコイン価格の上昇幅が、マイニング機器の値上がりを十分吸収できているので、当面はこの流れが続くと思われます。

マイニング企業が上場して資金調達する時代

ライオット・ブロックチェーンやマラソン・パテント・グループなど、大手マイニング企業のナスダック市場への上場が相次いでいます。

上場すれば、マイニングによる報酬に加えて、資本市場から資金調達できるようになります。

それによって、マイニング業界が、よりパワーゲームの様相を呈するようになってきました。

流れとしては、中国のマイニング機器メーカーがナスダック上場し、続いてアメリカのマイニング企業がナスダック上場して、さらにアメリカの仮想通貨（暗号資産）取引所コインベースもナスダック上場しています。

110ページの図で見たビットコインのステークホルダーの内側から外側に向けて、上場の輪が広がってきている状態です。つまり、ビットコインは順調に産業として育ってきているといえそうです。

インターネットが本格的に普及し始めた1990年代の終わり、1999年から2000年にかけてはネット企業の「ドットコム・バブル」旋風が吹き荒れ、株価は乱高下しましたが、その荒波を生き残ったアマゾンやグーグルは、時価総額上位を独占するテックジャイアンツの一角となって世界に君臨しています。

ビットコインから始まったブロックチェーンの産業群が10年後、20年後に大きく花開いている可能性は高いのではないかと思います。

PART 2
07

ビットコインには終わりがある？

ビットコインは4年に1回、マイニングレースの勝者に与えられる報酬が半分になると決められています（半減期）。さらにビットコインは、これ以上分割できない最小単位が決まっています。それによって発行枚数の上限が2100万枚と決まっているのです。

ビットコインは、10分ごとに繰り広げられるマイニングレースの報酬として、新規に発行されます。現在の報酬は6・25BTCです。ということは、1時間で37・5BTC、1日あたり900BTC、1カ月あたり27000BTCが新たに発行される計算です。

2021年9月現在の総発行数は1880万枚を超えています。

上限2100万枚のうち1880万枚は発行済み

ビットコインは発行枚数の上限が2100万枚と決まっていて、有限だからこそ価値があると前に述べました（98ページ参照）。発行ペースがあらかじめ決まっていて、誰かが勝手に発行したりできないから、お金が増えすぎて価値が暴落するハイパーインフレなどが起きる心配がないわけです。

とはいえ、上限2100万枚のうちの1880万枚が発行済みということは、ビットコインの取引が始まった2009年からわずか12年で、全体の89・5%以上が掘り出され、すでに市場に流通していることになります。ところが、ビットコインが掘り尽くされるのは2141年とされていて、まだ100年以上先の話です。

図08 ビットコイン発行枚数の推移

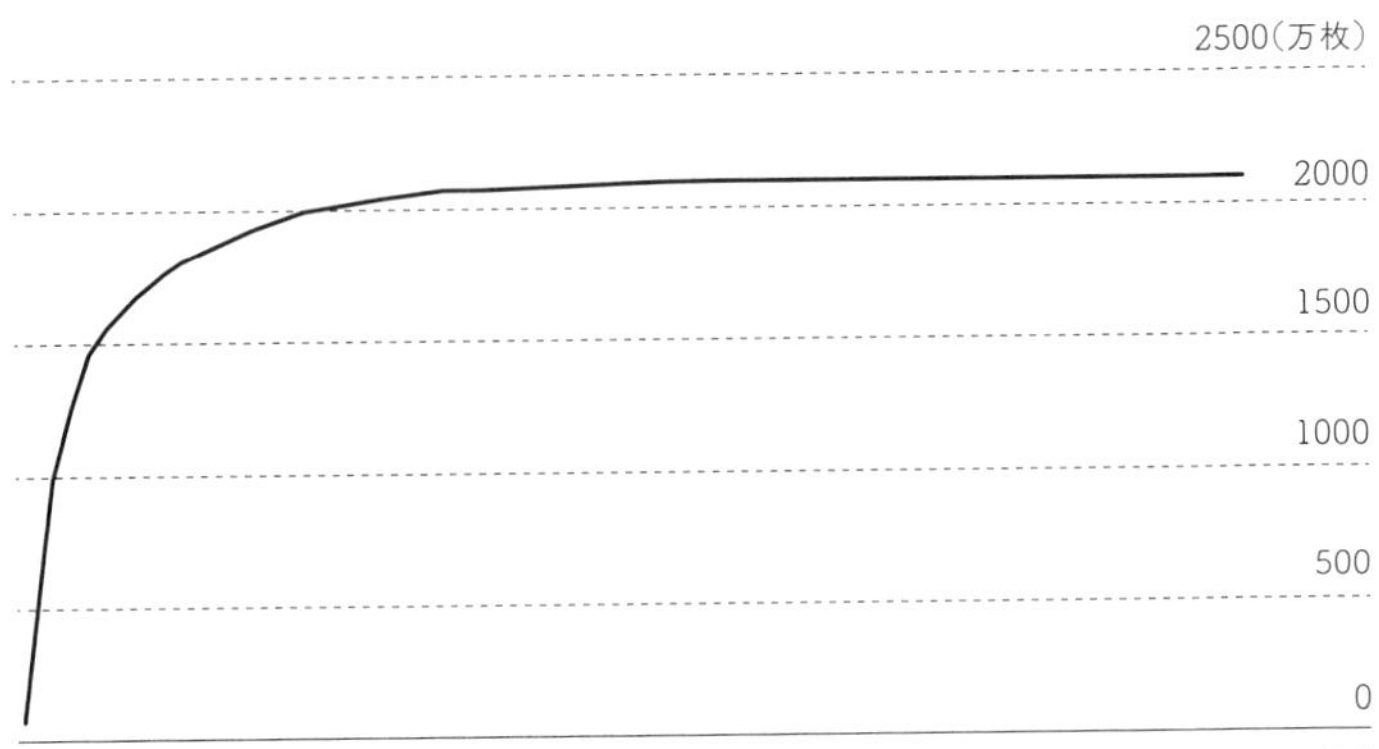

なぜこのようなことが起きるのでしょうか。
それには理由が2つあります。

4年に1回訪れる「半減期」

1つは「半減期」と呼ばれるビットコインの発行にまつわるルールです。ざっくりいうと、4年に1回、オリンピックイヤーに、マイニングレースの勝者に与えられる報酬（ビットコイン）が半分になると決められているのです。

同じ作業に対して支払われる報酬が単純に2分の1に下げられるだけでは、マイニング業者はやる気をなくしてしまいます。しかし、これまでは、ビットコイン価格がマイナス分を補ってあまりあるほど上昇してきたので、マイニングは依然として一攫千金を狙う人たちにとって魅力的なビジネスであり続けています。

すでに述べたように、ビットコイン価格は、ほかの投資先と同じようにプレイヤーの「先読み」によって決まっていくので、みんなが「半減期を境に倍になるはずだ」「もっと上がるはずだ」と思えば、価格も上がり続けます。

歴史的に見ると、半減期がやってきたのは2012年が1回目、2016年が2回目、2020年が3回目でした。過去の半減期を経験した人たちは、「半減期を境にビットコインが上がった」ことを間近で見てきたので、次の半減期にもきっと同じことが起きるはずだと期待します。そういう期待が集まれば、2024年の半減期にも同じように上がるはずです。

ムーアの法則と半減期

では、どうして半減期が決められているのでしょうか。

半減期の考え方の基本には、半導体の集積密度が1年半から2年ごとに倍増するという

「ムーアの法則」があります。この経験則をマイニングに当てはめると、コンピューターの処理速度がおよそ2年ごとに倍増していくなら、いま100の時間とマシンパワーを使って解いたマイニングの価値は、2年後には半分の50しかないことになります。処理速度が2倍になれば、価値は2分の1になる。「半減期」のルールはこの考え方にもとづいています。

ムーアの法則が1年半から2年で2倍としているのに対して、ビットコインが4年で2倍（ビットコインの価値は2分の1）と見積もっている理由は正直よくわかりません。ただ、マイニングの難易度は常に変動するので、ちょうど10分程度で解けるように微調整が繰り返されています。そのいちばん大きな調整が4年に1回あると考えれば、太陽の運行と暦のずれを調整する「閏年」のようなものといえるかもしれません。

図09 ムーアの法則

主なCPUにおけるトランジスター数の推移

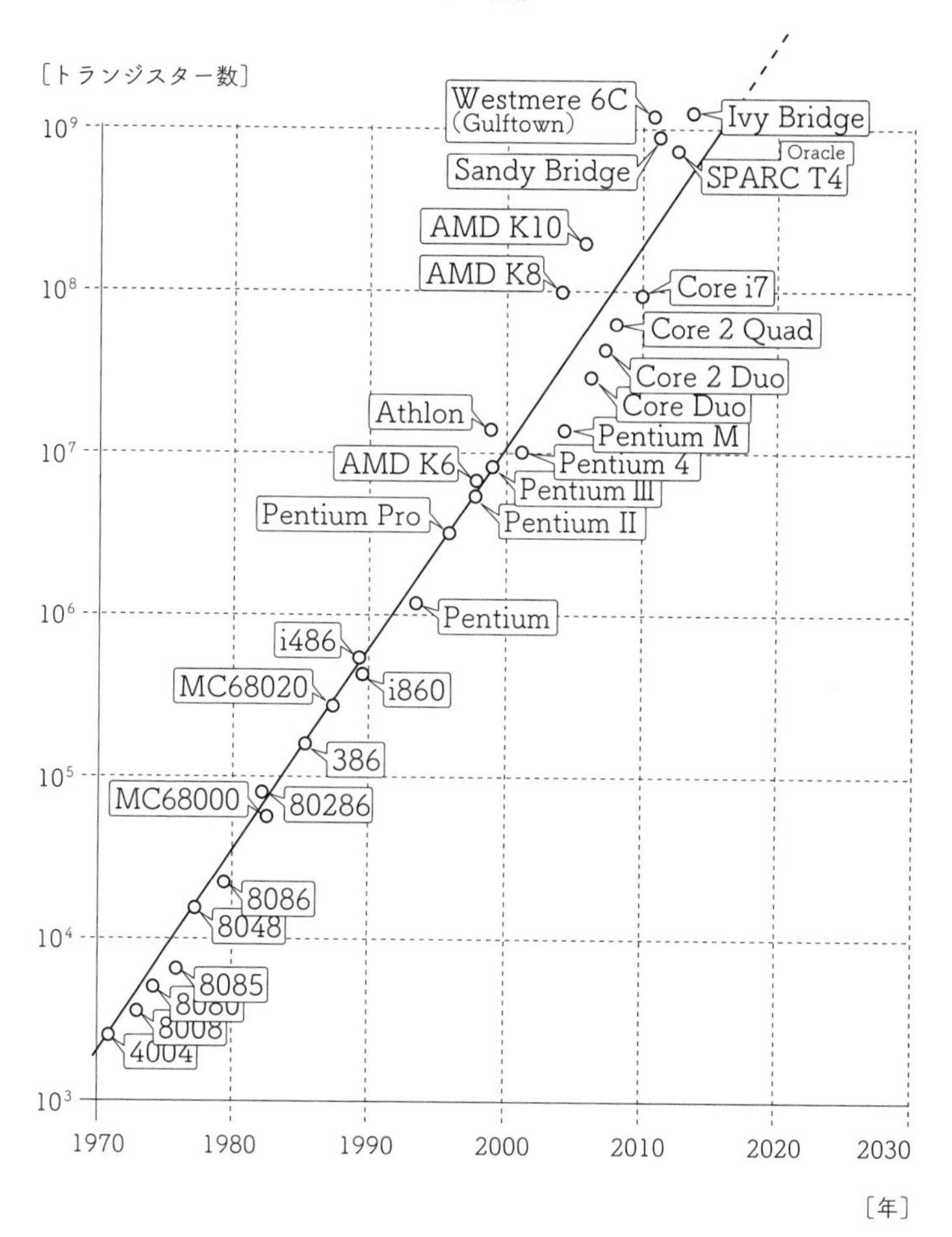

2141年にすべてのコインが発行済みになる

半減期と並んでもう1つ、ビットコインの発行枚数に上限がある理由は、ビットコインの最小単位が決まっているからです。

ビットコインはデジタル通貨なので、理論上は小数点以下何桁までも分割できますが、現在の最小単位は、小数点以下0が8個続く「1satoshi＝0.00000001BTC」と決められています。

半減期を繰り返していくと、マイニングの報酬はやがて「1satoshi」を下回ることになり、それ以上分割できないというルールがあるため、そこでビットコインの新規発行はストップするということです。計算上は、それが2141年になるわけです。

では、その後、ビットコインはどうなるのでしょうか。

ビットコインの取引が成立するには、マイナーによる承認作業が不可欠ですが、ビットコインの新規発行という報酬がなくなったら、誰が手間暇かけて承認してくれるのでしょうか。

1つには、個々の取引に上乗せされる手数料が報酬の代わりになるかもしれません。また、手数料を合計しても、マイニングのコストを吸収できないときは、マイニングの難易度そのものを簡単にする可能性もあるでしょう。

現在のプルーフ・オブ・ワークでは、ハッシュ値の最初の19程度の文字が「0」になるようなナンスをしらみつぶしに見つける作業をしていますが、50年後のマシンなら、最初の30文字、40文字が「0」になるようなナンスでも、10分もかからずにはじき出せる処理能力を獲得しているかもしれません。手数料収入だけでもペイできるような難易度に設定すれば、新規発行が止まっても、マイナーのモチベーションは下がらないのではないでしょうか。

誰も見たことがない世界

現状では2141年に掘り尽くすというルールで動いていますが、それを変えることも不可能ではありません。マイナーがお互いに合意して、半分以上の議決権を行使すれば、ルール変更もできないわけではないからです。

とはいえ、ルールを変更したとしても、有限であるから価値があったものを無限、または無限に近い状態にしてしまったら、どこに価値が生じるのか、という問題が出てきます。安易なルール変更を拒む設計になっているところも、ビットコインの信用につながっているのです。

円やドルの場合は、中央銀行が常に目を光らせて、マーケットに出回る通貨の量（マネーサプライ）を調節しています。ごく単純にいうと、景気が悪いときは、お金の量を増やして金回りをよくしたり、逆に景気が過熱気味で、インフレ率（物価上昇率）が上がりすぎたときは、お金の量を減らして財布の紐をしめたりしているわけです。

しかし、ビットコインには中央銀行に当たる組織がなく、そもそも市場に出回っているビットコインの量を調整するという発想がありません。そのため、ビットコイン価格が跳ね上がってバブルになったり、逆にバブルが弾けて暴落したりしたときも、すべて市場による調整に委ねられています。

すべてのビットコインが掘り尽くされたとすると、供給量はそれ以上増えず、一定のままになります。つまり、価格（P）をグラフの縦軸、数量（Q）を横軸とした「需給均衡図」では、供給曲線が垂直に立った状態になるわけです。そのとき、需要と価格はどう動くのか。未知の世界なだけに、何が起きるか、正確に予測するのは困難です。

誰も経験したことがない世界なので、想像するしかないのですが、たとえば金（ゴールド）や石油を採掘し尽くしたらどうなるか。それを考えてみると、ヒントになるかもしれません。

PART

仮想通貨は
どこまで安全なの？

PART 3
01

ビットコインがコピーや改ざんされる心配は？

ビットコインは、枝分かれのない一連の取引記録（チェーン状に連なったブロック）を複数の人がチェックして運用されています。別の記録がまじればはじかれるし、同じものが2つ併存することはできないので、コピーや改ざんされることは原理的にありません。

ビットコインはデジタル通貨で、デジタルデータにすぎないということは、簡単にコピーできてしまうのではないかと心配になる人がいるかもしれません。

インターネットが普及して、情報は原則タダで、誰でもコピーできるという風潮が広がりました。今までコピー機で1枚1枚コピーしたり、手入力したりして大変だったものが、コピー&ペーストすれば、コストゼロですぐに手に入るというのは革命的です。

しかし、誰でも簡単にコピーできてしまうというのは、金融システム的にいえばマイナスです。お金をコピーしたり、金額を勝手に書き換えたりできてしまうと、その通貨に対する信用が失われてしまうからです。

P2Pネットワークで分散処理

そこでビットコインでは、すべての取引はオープンになっていて、「AさんからBさんへ○BTC移動した」という記録を、リアルタイムで世界中の誰でも見られるようになっています。誰でも見られるということは、不正操作や改ざん、コピーをしたとしても、すぐに見つかるということです。

パート1で、ビットコインは民主的なお金だと述べましたが、参加メンバーがその取引を承認しない限り、実行されないというところが、不正防止の1つめのポイントです。

すでに述べたように、ビットコインは、どこかの企業のサーバーで一元管理する中央集権的な「クライアント・サーバー方式」ではなく、個々のユーザーが直接データをやりとりするP2P型のネットワークを採用しています。

ネットワークの真ん中のサーバーにデータベースを格納して、そこにみんながアクセスして利用するのではなく、インターネットに接続されたコンピューター同士を直接結んでデータを送受信するP2Pは、ファイル共有ソフトのナップスターやWinny、無料通話アプリのスカイプ、メッセージアプリのLINEなどでおなじみの技術です。

ビットコインの場合は、「AさんからBさんへ◯BTC移動した」「CさんからDさんへ△BTC移動した」……という過去のすべての取引の記録を、どこか1カ所にまとめて保管するのではなく、世界中に散らばった不特定多数のコンピューターが同じ取引記録を保存することで、誰かが勝手に改ざんしたりできないように、相互にチェックして安全性を確保しているわけです。

コピーも改ざんもできないブロックチェーン

さらに、ブロックチェーンという技術を使って、そもそもコピーができない仕組みになっています。これが不正防止の2つめのポイントです。

ブロックチェーンは、過去のすべての取引が記録された一本の鎖（チェーン）のことでした（128ページ参照）。このチェーンをたどっていくと、生まれたばかりのビットコインの最初の取引から現在に至るまでのすべての取引が記録されています。最新の記録は10分ごとに1つのブロックにまとめられ、ブロックチェーンの末尾に追加されます。このとき、個々の取引が正しく行われたのか、チェックする仕組みになっているのです。

ブロックチェーンには、①たった一本の鎖である、②一方向にしか流れない（不可逆的である）、という2つの特徴があり、そのことがコピーや二重取引などの不正防止に重要な意味を持っています。

図10 ブロックチェーンの特徴

ブロックチェーンの基本形

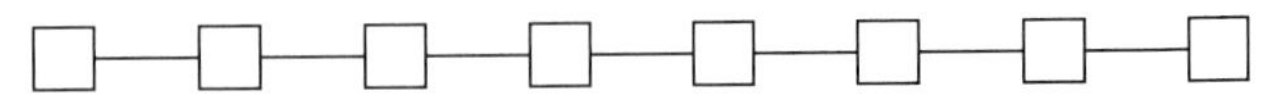

①たった1本の鎖である(枝分かれできない)

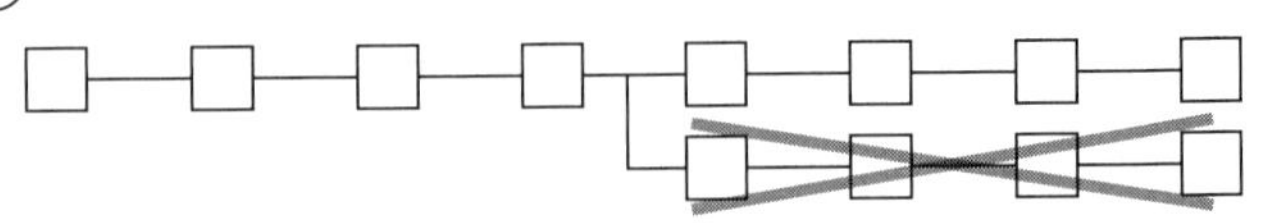

②一方向にしか流れない(不可逆的)

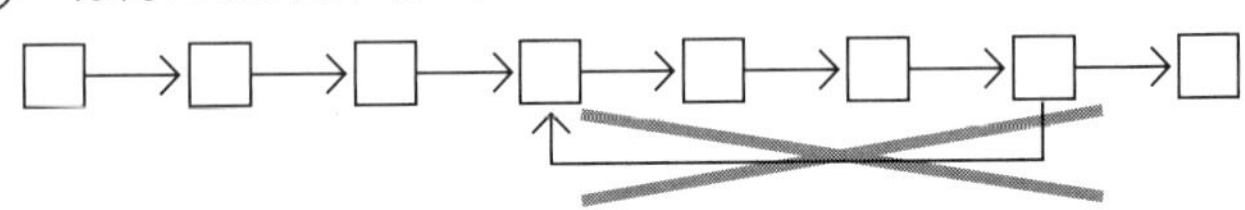

ビットコインのすべての取引は一本の鎖に記録されていますが、どこか1カ所のサーバーに保管されているわけではなく、P2Pネットワークに接続したすべてのコンピューターにまったく同じ鎖が保存されています。

誰かが勝手にコピーしたり、書き換えたりしたら、その人の鎖だけ、ほかの人とは別のものになってしまいます。だから、簡単にバレるし、そもそもそんなインチキは誰も承認してくれません。ビットコインは「民主的な通貨」で、お互いに承認し合ってはじめて取引が成立するので、恣意的な操作や不正が入り込む余地がほとんどないのです。

また、ハッシュ値を利用したブロックチェーンは一方向にしか流れないので、過去にさかのぼって改ざんすることは原理的にできません。仮に、元に戻って修正を加えようとすると、それ以降のすべてのブロックを書き換えなければいけないので、事実上不可能になっています。

集中管理の落とし穴

銀行システムのようなクローズドなシステムだと、外部の人間がアクセスするだけでもハードルが高く、誰かが勝手に数字を書き換える危険は少ないかもしれませんが、中央のサーバーで集中処理するため、その1カ所だけ書き換えれば、取引が成立してしまうという問題があります。そのため、銀行内部の犯行だと、発覚まで時間がかかるのです。

その点、ビットコインは、多くのコンピューターによって分散処理されているので、そのうちの1カ所が攻撃され、仮に記録を書き換えられたとしても、その取引は認められません。不正が入り込む余地は、その分小さいといえます。

紙幣の偽造を防ぐために、最先端の透かし技術が使われているように、ブロックチェーンという技術が、ビットコインをコピーや改ざんから守っているのです。

PART 3

02

送金中に誰かに抜き取られる心配は？

ビットコインを送金するときは、取引データをインターネットを通じてやりとりすることになりますが、途中で誰かに抜き取られないように、「公開鍵暗号」と「電子署名」という技術を使って守られています。「秘密鍵」を誰かに盗まれない限り、あなたのビットコインは安全です。

ビットコインそのものをコピーしたり、改ざんしたりするのは事実上不可能だということはおわかりいただけたと思いますが、ビットコインを送るとき、途中で誰かに抜き取られる心配はないのでしょうか。

ビットコインの送金はインターネット経由で行われます。最近はセキュリティ技術が向上して、オンラインショッピングでクレジットカードを使う人が増えていますが、ネットでカード情報をやりとりすることに否定的な人もいます。

ビットコインを銀行間ネットワークのようなクローズドな回線ではなく、オープンなインターネット経由で送っても大丈夫なのでしょうか。

受け取る側が2つの鍵を用意する「公開鍵暗号」方式

Aさんが Bさんにビットコインを送金するときは、取引データをインターネットを通じてやりとりすることになりますが、途中で誰かに抜き取られないように、「公開鍵暗号」と「電子署名」という技術を使っています。

「公開鍵暗号」は、あるデータを暗号化するときと復号（元のデータに戻すこと）するときに別々の鍵を利用することで、第三者に暗号を破られないようにした技術です。データを送る人ではなく、受け取る人が2つの鍵を用意するところがミソです。

どういうことかというと、従来の暗号では、暗号化と復号には同じ鍵が使われ、データを送る人と受け取る人が同じ鍵を利用することで、暗号化と復号が行われていました。そのため、鍵そのものを盗まれてしまうと、秘匿(ひとく)したいデータが第三者から丸見えになってしまうという危険があったのです。

よく古い映画などでは、秘密情報の送り手(当局)と受け手(スパイ)が同じ本、たとえば聖書を持っていて、暗号にしたがって「○ページの○行目の○字目」の文字や単語を特定し、それをつなげていけば元の指令が解読できるというタイプの暗号が出てきますが、この場合は聖書が「(暗号化と復号の)鍵」に当たります。

「鍵」を持っていない人にとっては、暗号文は何の意味もない文字列にすぎませんが、「鍵」を持っている人は意味のある文章を復号できるわけです。ところが、敵が聖書の存在に気づいた瞬間、スパイへの指示も丸見えになってしまいます。さらに悪いことに、敵が暗号を破ったかどうか、こちらには知る術がありません。

公開鍵暗号では、まずデータを受け取る人が「暗号化に使う鍵」と「復号に使う鍵」を用意して、「暗号化に使う鍵」だけを公開します（誰でも見られるため「公開鍵」といいます）。データを送る人はその「公開鍵」を使ってデータを暗号化して送ります。データを受け取る人は暗号を受け取ったら、自分だけが持っている「復号に使う鍵」で復号します（データを受け取る人だけが知っているので「秘密鍵」といいます）。

この方式だと、その気になれば、誰でも「暗号化されたデータ」を盗むことはできますが、復号のための「秘密鍵」はデータを受け取る人しか持っていないので、第三者が暗号を解読することはできません。それによって通信の秘密を守っているわけです。

送る側が2つの鍵を用意する「電子署名」方式

一方、「電子署名」は公開鍵暗号とはまったく逆の流れになります。つまり、データを送る人が「暗号化に使う秘密鍵」と「復号に使う公開鍵」を用意して、「秘密鍵」で暗号化したうえで、「暗号化されたデータ」と「公開鍵」をデータを受け取る人に送ります。

「暗号化されたデータ」と「復号に使う公開鍵」が同時に送られるので、その気になれば、誰でも復号することができます。つまり、中身はバレバレです。しかし、中身が誰でも読

図11 公開鍵暗号と電子署名

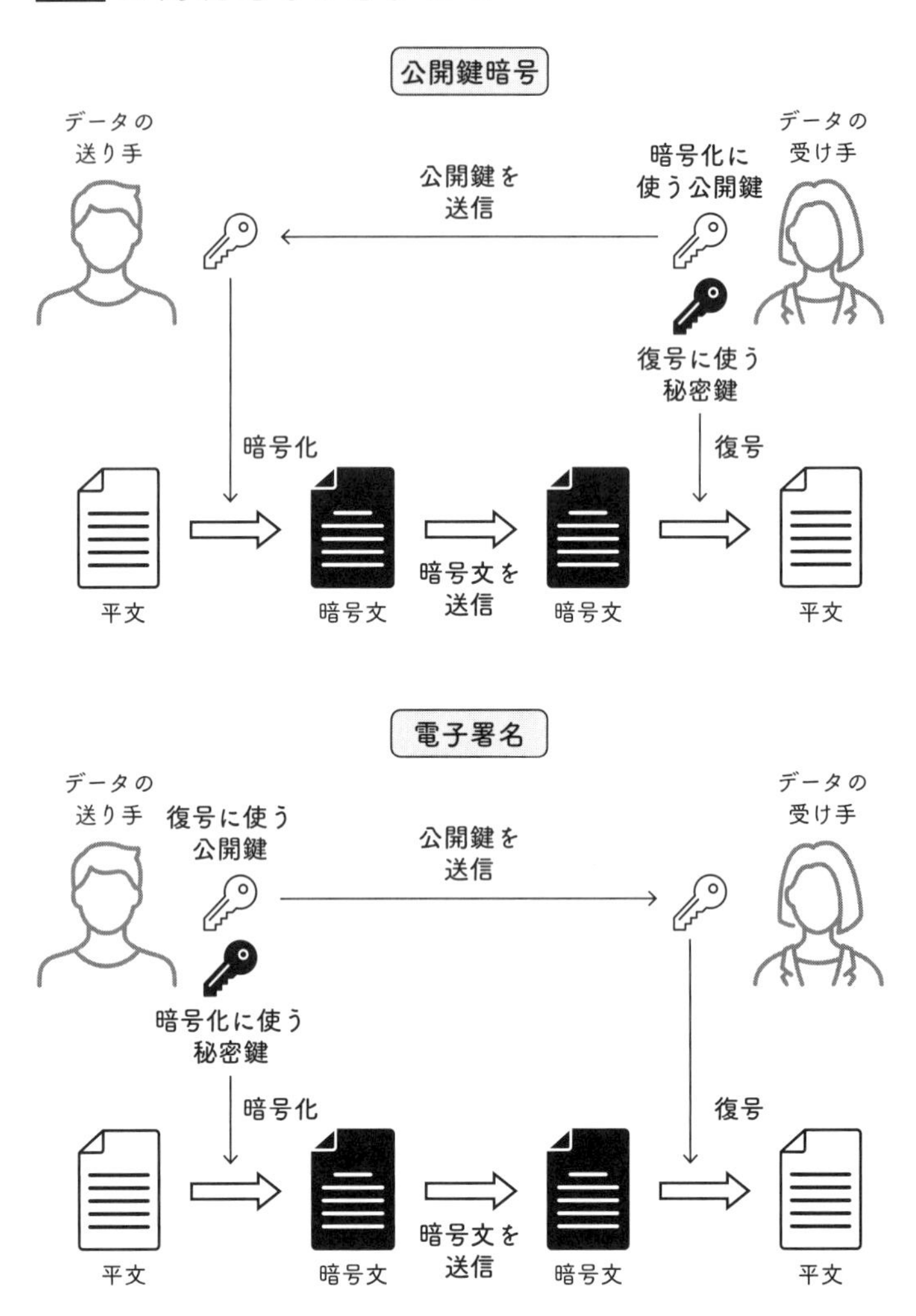

めるからこそ、わかることが1つだけあります。それは、このデータを送ってきた人は、鍵を作成した本人に間違いないということです。秘密鍵はデータの送り手しか知らないので、セットで生成した公開鍵で復号できたということは、このデータを送ったのは、まさに本人だということがわかるわけです。だからこそ、「署名」というのです。

ビットコインの取引記録は、「AさんからBさんへ○BTC移動する」という情報にすぎません。これ自体は、見られて困る情報ではないのです。困るのは、送り手のAさんや送り先のBさんの名前や金額を勝手に変えられたりすることですが、ブロックチェーンという技術によってコピーや改ざんができないのは、すでに述べた通りです。

そもそも、ビットコインの取引記録が全部オープンになっていなければ、マイナーの人たちが中身を見てチェックすることはできません。だから、ここで大切なのは、間違いなくAさんが自分で送金したという事実なのです。

「秘密鍵」を渡さない限り、勝手に送金されることはない

「AさんからBさんへ○BTC移動する」というトランザクションには、元の所有者であ

るAさんの電子署名によって鍵がかけられています。そのため、Aさんの公開鍵で復合すれば、間違いなく「AさんからBさんへ◯BTC移動する」という取引の中身を確認できます。逆にいうと、元の所有者であるAさんの許可がなければ、誰に対しても「Aさんから◯BTC移動する」ことはできないということです。つまり、ビットコインの所有者であるAさんは、「秘密鍵」を誰かに漏らさない限り、自分の意志に反してビットコインを勝手に送られてしまうことはありません。

そのため、Aさんにとっていちばん大事なのは「秘密鍵」です。「秘密鍵」さえきちんと秘匿できていれば、自分のビットコインを誰かに盗まれる（=知らない人宛てに自分のビットコインを送金される）ことは、原理的にあり得ません。

二重払いや不正操作を防ぐためのマイニング（承認）

このように鉄壁に見える「秘密鍵」によるセキュリティですが、1つだけ、大きな問題があります。秘密鍵を知る唯一の人、つまり、元の所有者であるAさん本人なら、「AさんからBさんへ◯BTC移動した」という取引を勝手になかったことにして、「AさんからCさんに◯BTC移動した」ことにできてしまうのです。

そうした二重払いや不正操作を防ぐために、ビットコインでは、個々の取引は第三者の手によってチェックされ、間違いなく「AさんがBさんに◯BTC送った」ことが確認されてはじめて取引が成立するという、ややこしい仕組みになっているのです。

現金を直接送ることと比べたら、現金輸送コストもかからなければ、金額を確認するためにキャッシャーマシンで数える必要もありません。アプリの操作一発で送金できて、オンライン上で正しい取引だと承認されれば、それでおしまいです。さらに暗号技術によって守られているわけですから、現金よりも安心といえるかもしれません。

PART 3

03

どのウォレットなら安全なの？

ビットコインの「秘密鍵」を管理する方法は次の5つです。①取引所に預けるウェブウォレット、②スマホに入れるモバイルウォレット、③パソコンで管理するデスクトップウォレット、④物理デバイスでネットと切り離すハードウェアウォレット、⑤紙に印刷するペーパーウォレット。

ビットコインを送金中に抜き取られる心配はないとしても、自分が持っているビットコインを誰かに勝手に持ち出される心配はないのでしょうか。

ビットコインをはじめとした仮想通貨の取引は、ウォレットを通じて行います。これからくわしく述べるように、ウォレットはいくつか種類に分かれていて、それぞれ安全性に違いがあります。ここでは、各ウォレットのセキュリティについて説明していきます。

でもその前に、ビットコインを持っている（所有している）というのはどういうことか、あらためて考えてみましょう。

保管するのはビットコインではなく「秘密鍵」

ブロックチェーンは、個々の取引（トランザクション）を記録した「分散型台帳」だと述べました（128ページ参照）。一本の鎖（チェーン）状に連なったブロックには、過去のすべての取引、つまり「いつ誰から誰に◯BTC移動したか」が漏れなく、重複なく記録されています。

そのため、ブロックチェーンを見れば、いま現在、誰が◯BTC所有しているか、全部わかります。逆にいうと、ブロックチェーンにはそれしか書いてありません。もともとブロックチェーンは「誰がいくら持っている」ということを記した「台帳」なのですから、当然といえば当然です。

では、みなさんが買って手に入れたビットコインは、いったいどこにあるのでしょうか。実は、ビットコインそのものは、1個1個、独立したデータとして存在するわけではありません。そのため、「ここからここまでの文字列が私のビットコインです」と取り出して見せることもできないし、自分のビットコインだけをダウンロードして手元に置いておくこともできません。

ビットコインの所有者であるあなたに割り当てられたのは、ビットコインを誰かに送金できる「秘密鍵」であって、ビットコインそのものではないのです。

すでに説明したように、ビットコインを送金するには、秘密鍵が必要です。秘密鍵を知っているのが自分だけなら、あなたのビットコインは安泰です。誰も「勝手に送る＝盗む」ことはできないからです。

要するに、自分のビットコインを保管するというのは、自分の秘密鍵を保管することにほかならないわけです。

ビットコインが盗まれるのは秘密鍵を他人に知られてしまったとき

秘密鍵とは、専用マシンによってランダムに生成された乱数（0から9までの数字がなんら規則性をもたずに等しく出現するような数列のこと）を人間が扱いやすくするためにハッシュ化したもので（ハッシュ関数については131ページ参照）、一般に64ケタ（256ビット）の意味不明な文字列です。「プライベートキー」とも呼ばれます。

秘密鍵は、Aさんが誰かにビットコインを送ったとき、「間違いなくAさんが送った」ことを証明する「電子署名」の役割を果たします。この署名がなければ、Aさんのビットコインを移動することはできません。逆にいうと、Aさん以外の誰かがAさんの秘密鍵を知っていれば、Aさん所有のビットコインを別の人に自由に送れることになります。

たとえば、Aさんの秘密鍵を不正に入手したBさんが、その鍵を使ってBさん本人のアドレス宛にAさんのビットコインを送れば、Aさんのビットコインを盗むことができます。ビットコインの承認プロセス（マイニング）では、Aさんの秘密鍵で署名されていれば、それが別人によって不正使用されたものであっても、見破ることはできないからです。そのため、通常の取引と同じように承認され、その取引は成立してしまいます。

そうはいっても、盗んだ本人が自分のアドレスに送金するというような単純な手口では、あとから違法な取引だとバレて、警察によって捜査されれば、おそらくすぐに捕まります。そのため、あいだに無関係なCさん、Dさん、Eさん……をかませて送金をくり返したりするのですが、それでもやがて発覚する可能性が高いことは、後ほど「トレーサビリティ」の話と合わせて説明します（196ページ参照）。

自分で管理するほうが安心か、取引所に預けるほうが安心か

ここまでの説明で、「ビットコインを保管する」というのは「秘密鍵を保管する」ことだとわかっていただけたと思います。では、大事な「秘密鍵」をどのように保管すれば「安全」といえるのでしょうか。

他人に知られてはいけない文字列といえば、暗証番号やパスワードが思い浮かびます。基本的な考え方はそれと同じで、他人の目に触れないところに隠して、自分だけしか見られないようにする。これが大前提です。

秘密鍵を誰かに知られると、銀行預金の暗証番号を盗まれたときと同じように、手持ちのビットコインを好きなように抜き取られてしまう恐れがあるので、厳重に管理する必要があります。

ビットコイン、すなわち秘密鍵の管理方法は、まず自分で管理するか、取引所に預けるか、で大きく分けられます。「タンス預金」のように自分で持っていたほうが安心か、「銀行預金」のように専門機関に預かってもらったほうが安心か、という価値観の問題でもあります。

他人をむやみに信用せず、自分の資産は自分で守るという意識が強いリバタリアンは、取引所に預けるよりも、自分で管理することを好む傾向があります。過去に貸し剥がし（無理やり借金を回収されること）や資産の差し押さえなど、銀行に痛い目を見せられた経験のある人や、そもそも銀行口座を持っていない人は、銀行なんて信用できない、自分のお金は自分で管理するのが当たり前、という発想になりがちです。

そういう独立心旺盛な人たちにとって、ビットコインの登場は福音でした。国も中央銀行も関係ない、分散型通貨だからこそビットコインは信用に値する。そう考える彼らには、取引所が他人のコインを一元的に管理すること自体が矛盾しているように見えるのです。

ビットコインの黎明期からいる人の中には、とくにそう考える人が多いようです。

保管する場所で分類される5つのウォレット

ビットコインを自分で管理する場合も、取引所に預ける場合もそれぞれ、オンラインで管理するホットウォレット方式、オフラインで管理するコールドウォレット方式、の2通りに分けることができます。

取引所に預けるときは、①取引所が提供するウェブウォレットを使うことになります。操作が簡単で、初心者でも使いやすいウェブウォレットについては、次の項目でまとめて説明します。

自分で管理するときは、自分のスマホやパソコンにウォレットの専用アプリを入れ、ウォレットを通じて取引することになります。

秘密鍵の保管場所は、②自分のスマホの中（モバイルウォレットとも呼ばれます）、③自分のパソコンの中（デスクトップウォレット）、④USBメモリのような物理デバイスの中（ハードウェアウォレット）、⑤紙に印刷する（ペーパーウォレット）、の4つです。このうち②③が

図12 秘密鍵を保管する5つのウォレット

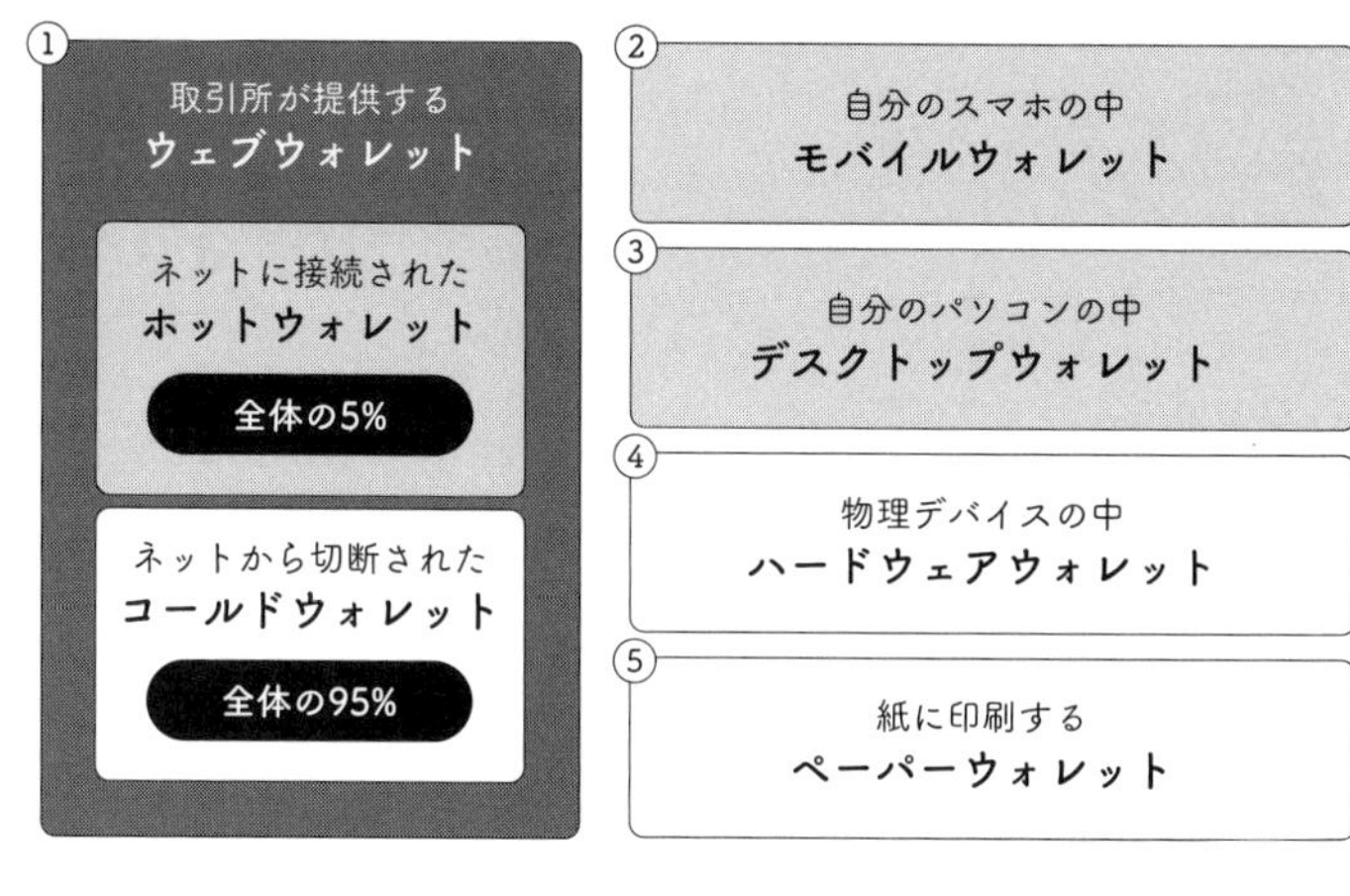

オンラインの「ホットウォレット」で、④⑤がオフラインの「コールドウォレット」という位置づけです。

②③のホットウォレット方式の最大のメリットは、気が向いたときにいつでも簡単に操作できる手軽さです。取引するたびに、毎回64ケタの秘密鍵を入力するのは面倒なので、IDやパスワードの自動入力機能と同じように、アプリが自動で入力補完してくれれば、たしかに便利です。

しかし、スマホやパソコン内にデータが残っているということは、インターネット経由で不正にアクセスされたときや、スマホそのものを落としたり、パソコンを盗まれたりしたときに、その他のＩＤやパスワード、個人情報などと一緒に、大事な秘密鍵を盗まれてしまう恐れがあるということです。

ネットから物理的に切り離すコールドウォレット方式

そこで、万が一スマホやパソコンが乗っ取られても、秘密鍵にはアクセスできないように、ネットから物理的に切り離すコールドウォレット方式のほうが安全とされています。

④ＵＳＢメモリのような物理デバイスに秘密鍵を入れ、スマホやパソコンには、入力履歴を含めて一切の痕跡を残さない（ハードウェアウォレット）。あるいは、⑤秘密鍵の文字列を紙に印刷したら、データは削除してしまう（ペーパーウォレット）。そこまですれば、物理デバイスや印刷した紙そのものを盗まれない限り、秘密鍵が誰かの手に渡ってしまうことはありません。

その代わり、取引をするたびに、物理デバイスをパソコンにつないだり、紙に印刷されたランダムな文字列を1文字1文字、手入力しなければならないわけですが、長期保有前提でビットコインを買った人なら、そこまで頻繁に換金する（ビットコインを買い手に送金する）ことはないはずです。そういう人にとっては、物理的に切り離すコールドウォレット方式のデメリットはそれほど大きくないかもしれません。

比較的安全性が高いとされるコールドウォレット方式ですが、問題がないわけではありません。

ハードウェアウォレットの場合はバックアップがとれるので、紛失・盗難にあっても、物理デバイスが壊れてしまっても、秘密鍵を復元することができますが、復元のための「リカバリーフレーズ」を忘れたり、盗まれたりする恐れがあります。そのため、リカバリーフレーズも秘密鍵と同じように厳重に保管する必要があるわけで、ハードウェアウォレットに秘密鍵を入れておき、そのハードウェアウォレットのリカバリーキーを紙に出力して保存したり、別のデバイスに保存したり、といった二度手間、三度手間が発生します。

秘密鍵をなくしたビットコインは半永久的に死蔵される

ペーパーウォレットの場合は、秘密鍵を印刷した紙をなくしてしまうと、もはや手の打ちようがありません。ただの印刷用紙ですから、別の資料にまぎれて捨ててしまうかもしれません。

そうなると、自分のお金なのに、自分で動かすことはできなくなります。つまり、ブロックチェーンの台帳には、間違いなく「Aさんは◯BTC持っている」と記録されているのに、Aさんはそれを取り出すこともできなければ、誰かに送金することもできないわけです。「Aさんのもの」という記録だけが半永久的に残ることになります。

Aさんには所有権はあっても、それを移転することはできないから、仮にAさんが死亡して、遺族が相続したいと思っても、引き出す術がありません。将来的には、法律上の救済措置ができるかもしれませんが、原理的には、ビットコインが存続する限り、ずっと「Aさんのもの」であり続けるしかないのです。

秘密鍵をなくしてしまう危険は、ペーパーウォレットだけとは限りません。実際にあったのは、秘密鍵を管理していたパソコンを間違って捨てられてしまったというケース。秘密鍵をただ一人知っていた取引所のCEOが急死してしまい、数十億円相当のビットコインが取り出せなくなったという事件もありました。

こうして「死蔵」されたビットコインは、誰にもどうすることもできません。一説には、発行済みのビットコインの20%ほどが「死蔵」しているという推定もあるようです。[1] なん

1「FBIはどうやってハッカーから身代金を取り戻したのか」
https://www.businessinsider.jp/post-236421

ともったいない話です。

秘密鍵を自分で管理する場合は、くれぐれも盗まれないように。そして、くれぐれもなくさないように注意してください。

PART 3
04

取引所のコインが盗まれる心配は？

ウェブウォレットで顧客から預かった「秘密鍵」が盗まれて困るのは取引所なので、大半をコールドウォレット方式で安全に保管しています。取引用にホットウォレットにおいてある分については、いざというときのために、同額のコインを自社保有することが義務付けられています。

前回は秘密鍵を自分で管理する場合のウォレットについて述べましたが、多くのユーザーにとって、ビットコイン投資の入り口になっているのは、取引所が提供する「ウェブウォレット」です。

ウェブウォレットの場合、みなさんが持っているビットコイン（の秘密鍵）は、取引所がみなさんの代わりに厳重に管理しています。

ウェブウォレットの仕組み

ウェブウォレットを通じた取引は、銀行が提供するインターネットバンキングと似ています。

みなさんがビットコインを送金するときは、手元のウォレットで「Aさんへ◯BTC送る」という指示を出すだけで、実際に送金するのは取引所です。秘密鍵は取引所が管理しているので、取引所はその秘密鍵を使って送金するわけです。

誰かからビットコインを受け取るときも、いちいち自分のスマホやパソコンにダウンロードされるわけではなく、取引所が入金を確認し、その情報をみなさんのウォレットに流すだけ。ネットバンクの通帳で振り込みや残高確認するのと手順はほとんど変わりません。

ビットコインの所有者自身が秘密鍵を知らないことのメリットは明らかです。知らなければ、なくしようがないし、手元になければ、盗まれる心配もありません。ネットバンクと同じく、自分のスマホやパソコンに通知されるのは「ビットコインの残高」だけで、秘密鍵はそこにはないので、仮にスマホやパソコンを紛失したとしても、そもそも盗まれようがないわけです。

ウェブウォレットの利点は、それ以外にもあります。

初心者でも簡単に使いこなせるように、アプリの操作画面に多くの工夫が見られるのも、ウェブウォレットの特徴といえます。ウェブウォレットを開設するときに、規則に則って本人確認をしているので、ログインIDやパスワードを忘れたとしても再発行してもらえます。

さらに、アプリのアップデートも取引所が勝手にやってくれるので、その恩恵を受けられます。

このあたりは、ふつうのウェブサービスと同じですね。

ウェブウォレットのログインIDとパスワードは厳重に管理

取引所のウェブウォレットは誰でも使いこなせる手軽さが大きなメリットですが、セキュリティ上、忘れてはいけない大事なポイントが1つあります。それは、ウォレットにログインするIDとパスワードを盗まれてしまうと、盗んだ人があなたになりすまして、あなたのビットコインを売買することができるという問題です。

これはすべてのウェブサービスに共通する問題で、どこかのECサイトのログインIDとパスワードを盗まれてしまうと、その人になりすましてログインされ、クレジットカード情報を抜き取られたり、勝手に高価な買い物をされたりするのとまったく同じ構図です。

ですから、ほかのサービスのIDやパスワードと同様に、ウェブウォレットのIDとパスワードは自分で厳重に管理する必要があります。他人に盗まれないように、次の6つのポイントを守るようにしてください。

①他人から類推されることのない専用パスワードを用意する。他のサービスとのパスワードの使い回しは避ける。

②パスワードは他人に見られないように厳重に管理する。

③取引所が提供している場合、2段階認証を設定する。

④スマホやパソコンには指紋認証、顔認証などでロックがかかるようにしておく。

⑤スマホやパソコンを紛失したときは、すみやかにリモート操作でデータを消去し、念のため、パスワードを変更する。

⑥IDやパスワードを抜き取ろうとする偽サイト（フィッシングサイト）に注意する。むやみにIDやパスワードを入力しない。

とくに、⑥の取引所からと偽ったメールやメッセージでURLを踏ませ、偽サイトに誘導してIDやパスワードを入力させるフィッシング詐欺の手口が巧妙化していて、一見しただけでは公式サイトと見分けがつかないものも出てきているので、次の対策を徹底してください。

・URLの文字列をよく見て、怪しげなサイトでないと確認できるまでリンクを踏まない。
・少しでも違和感を覚えたら、それ以上先に進まず、すぐにブラウザを閉じてサイトを離脱する。
・身に覚えのない高額請求や訴訟をちらつかせたメッセージは無視する。

「なりすまし」による取引は100%は防げない

人間ですから、どれだけ気をつけていても、IDやパスワードを盗まれてしまうことがあるかもしれません。

他の誰かがあなたのIDやパスワードを使って、あなたになりすましてログインしてきた場合、取引所はそれがニセモノかどうかを見破ることはできません。

しかし、取引所もただ手をこまねいて見ているわけではなく、いままでまったく取引をしていなかった人が、いきなり高額のコインを動かしたりすると、アラートが発せられ、いったん取引を停めることもあります。銀行などでも異常な取引をチェックするシステムが稼働していますが、それと同じです。

とはいえ、少額ずつに小分けにして時間をかけて盗み出すような手口については、必ずしも100％検知できるとは限りません。ですから、やはり自分のIDやパスワードについては、自分で責任を持って管理することが必要です。

取引所からの不正流出事件はなぜ起きるのか

自分のIDやパスワードを自分で守ったとして、では、取引所に預けたビットコインが盗まれてしまう心配はないのでしょうか。

取引所から仮想通貨が流出した事件は、これまでに何度も起きています。

歴史上はじめて仮想通貨の流出が大きなニュースになったのは、2014年2月に、当時としては世界最大級の取引所だった「マウントゴックス」が経営破綻し、経営者が逮捕された事件です。

なんらかの不正によって85万BTC（当時のレートで470億円相当）が消えてなくなったともいわれています。取引所からコインが流出することを「ゴックスする」といったりするのは、この事件がきっかけです。

マウントゴックス事件は、外部からのハッキングによるものか、内部の不正操作によるものか、真相はいまだに藪の中のようですが、いずれにしても、ブロックチェーン技術そのものを破られたわけではなく、あくまで取引所のシステム面、運用面における不備が原因だったとされています。

2018年1月には、私たちコインチェックでも仮想通貨NEMの流出事件が起きてしまいました。5億2300万XEM（XEMはNEMの通貨単位）が不正に流出し、その翌々日には、盗まれたすべてのNEM保有者に対して日本円で返金することを発表しました。

ホットウォレットにある分と同額のコイン保有がルール化された

なぜこのような事件が起きてしまったのでしょうか。改訂前の本で私はこう述べています。

取引所にはお客さまから預かっているビットコインがプールされているわけですが、これを盗まれるということは、取引所にとっては死活問題ですから、何重にもセキュリティをかけています。

まず、お客様からの預かり資産をすべてオンライン上に置いているわけではありません。全体を100とすると、そのうちの数%しかオンライン上に置かず、それ以外はインターネットから物理的に切り離して、オフライン環境で厳重に保護してあります。そうすることで、外部からアタックを受け、万が一、盗まれてしまったとしても、被害はその範囲に留まります。銀行の金庫にすべての現金が置いてあるわけではなく、当座に使う分だけを用意してあるのと同じ理屈です。

それ以外のビットコインは、インターネットから完全に切り離して、USBメモリのような物理デバイスに入れ、複数のバックアップをとって、別々の金庫に保管してあります。いきなりローテクな話ですが、金（ゴールド）と同じように金庫にしまっておけば、少なくともネット上で攻撃を受けても盗まれる心配はありません。

保管しておいたビットコインのデータをオンラインに送るときも、社内にあるセキュリティのしっかりした1台のパソコンからしか送れないようになっています。また、誰か1人の権限で扱えるようになっていると、つい出来心で顧客の資産を流用する人が出てこないとも限らないので、ヒューマンエラーを排除するために、複数の人が承認しないと送れない仕組みも取り入れています。

取引所でも、インターネットから物理的に切り離したコールドウォレット方式がセキュリティ上有効なのは同じです。ですから、ビットコインについては、当時もしっかりと管理ができていました。そこに嘘偽りはありません。

しかし、残念ながら、すべての取扱仮想通貨について、同じ仕組みを構築できていたわけではありませんでした。流出したＮＥＭについては、技術的な障壁もあり、ホットウォレットで管理していたのです。そのために不正送金を止めることができませんでした。

そのときの反省から、現在では、顧客から預かったすべてのコインについて、

・全体の95％以上をコールドウォレットで管理すること。
・通常の取引のためにホットウォレットに入れておくコインは全体の5％が上限。
・ホットウォレットに入れてある分については、同額のコインを取引所自身が別途コールドウォレット方式に保持すること。

というルールになっています。それによって、万が一、顧客から預かったコインが流出しても、すぐに弁済できる仕組みになっているのです。日本の暗号資産交換業者（取引所）は、そのルールを遵守しなければなりません。

預かり資産には手をつけず別途保管する

このように、取引所に預けている仮想通貨が盗まれるリスクは決して高くないわけですが、取引所を利用するみなさんが預けているのは、コインだけではありません。円やドルなどの現金も預けています。

仮想通貨を買うために、みなさんは取引所に現金を入金します。口座にたとえば10万円の現金を入れて、そのうちの5万円でコインを買ったり、3万円分のコインを換金して、そのまま口座に入れっぱなしにしたりします。証券口座を開設して現金を振り込み、そのお金で株を買ったりするのと同じです。

そのようにしてお客さまから預かった資産（日本円や米ドル）については、自分たちの事業資金とは分けて、別の銀行口座に置いてあります。その部分をごちゃまぜにして、お客さまのお金に手をつけるのは違法なので、厳密に分ける必要があるのです。もちろん、第三者の会計士や監査法人のチェックも受けています。

　こうした仕組みやルールによって、みなさんから預かったビットコインも現金も、従来の金融機関と同じように手厚く保護されているのです。

PART 3
05

マネーロンダリングに利用される心配は？

匿名性の高いビットコインはマネーロンダリング（資金洗浄）に利用される恐れがあるとして、各国が法律を整備しています。しかし、もともとブロックチェーンにはすべての取引記録が残っているので、不正に入手した犯罪者が最後まで逃げ切るのは至難の業です。

いまでこそ、日本国内で取引所にアカウントを開設するときは、本人確認が必須となっていて（200ページ参照）、匿名性がだいぶ薄れてきましたが、もともとビットコインは仲間内だけで流通する遊びからスタートしているので、正体を隠したまま取引することもできました。

そのため、不正に取得したお金をクリーンなお金に変えるマネーロンダリング（資金洗浄）に利用されるのではないか、という声も根強く、各国はルールを整備してきました。

資金洗浄の手口

では、ビットコインを利用したマネーロンダリングは、実際にはどのように行われるのでしょうか。

2017年1月には、日本国内ではじめて、ビットコインを利用したマネーロンダリングの疑いで、日本人2人が追送検される事件が起きました。他人名義のクレジットカードを使って不正に購入したビットコインを、日本国内で日本円に換金した疑いが持たれています。

残念ながら、これ以上手口を明らかにしてしまうと、犯罪者に利用されるおそれがあるので、詳細を記すことはできませんが、こういうケースが現実にあるからこそ、登録段階で犯罪歴がないかどうかなど、審査を厳密にやる必要があるのです。そのため、日本では2017年春から、ビットコインの事業者も金融機関並みに本人確認を徹底することが法律で義務付けられました。

トレーサビリティがしっかりしている

違法な取引、たとえばドラッグや武器、盗んだ貴金属や美術品などは闇マーケットで売るしかないので、売れば高くても換金しにくいという面があります。一方、ビットコインをはじめとした仮想通貨は、デジタルで瞬時に動かせるので、送金に手間賃がかからないし、換金も簡単にできます。

そのため、仮想通貨はマネーロンダリングで狙われやすいといわれるのですが、はたして本当にそうでしょうか。ここで思い出してほしいのは、ブロックチェーンにはすべての取引記録が残っているということです。

記録が残っていれば、それをたどることもできる。つまり、ブロックチェーンはトレーサビリティ（追跡可能性）がしっかりしていて、お金が移動した痕跡は後からいくらでもさかのぼって調べることができるので、実は、不正なお金の移動には向いていないともいえるのです。

たとえば、麻薬取引に関連したアカウントが1つ見つかると、税関などから取引所に照会が来るわけですが、こちらは一連の取引に関係した人物の名前を全部提供できる体制になっています。

突破口さえ見つかれば、芋づる式に関係者が捕まる可能性が高いわけです。

過去に起きた仮想通貨流出事件でも、FBIやインターポールなどの捜査機関が不正アクセスの発信元のIPアドレス（インターネット通信において相手を識別するための「住所」のようなもの）をたどっていって、犯人がどこかでミスを犯すのをじっと待ち、数年後、誰もが事件を忘れたころに、犯人のわずかなスキ（換金のタイミングなど）を突いて逮捕にこぎつける、という地道な捜査が行われています。

2021年には、パイプライン大手コロニアルがハッカー集団ダークサイドによるランサムウェア攻撃で業務停止に追い込まれ、巨額の身代金を支払うという事件が起きましたが、ハッカーに支払われた身代金75BTC（430万ドル相当）のうち、63・7BTC分の秘密鍵をFBIが入手して取り戻した、という映画のような話もありました。[2]

仮想通貨は匿名性が高いからマネーロンダリングしやすいというウワサに飛びつく人がいますが、実際は必ずしもそうとはいえないことを知っておいてほしいと思います。

国際送金をめぐる監視網

ビットコインに限らず、国をまたいだ国際送金については、各国が監視の目を光らせています。企業や個人が租税回避のためにタックスヘイブンを利用したり、国内でたくわえた富を国外に移転するのを黙って見ているわけにはいかないからです。さらに、そうした資金がテロや犯罪に使われるのを避けるためにも、国際的な監視網が強化されつつあります。

OECD（経済協力開発機構）内に事務局があるFATF（ファトフ）（Financial Action Task Force：金融活動作業部会）は、マネーロンダリングやテロ資金供与対策のための勧告を出して、加盟各国に対して対策強化を求めています。

2　FBIはどうやってハッカーから身代金を取り戻したのか
https://www.businessinsider.jp/post-236421

そうした勧告に基づいて、日本国内でも法律が整備され、私たちのような暗号資産交換業者（取引所）は、新規アカウント開設時に金融機関並みの本人確認を求めることが義務付けられているのです。

PART 3
06

各国のレギュレーションはどうなった？

日本の取引所は登録制で、顧客保護の観点から預かり資産と事業資金の分離、ホットウォレットの上限などが定められています。アメリカでは暗号資産が有価証券か商品かで議論が分かれ、中国は撤退し、エルサルバドルではビットコインが法定通貨になっています。

ルールが変わることで事業環境が変わり、マーケットが変わります。一般のユーザーにとっても、使えるサービスが増えたり、できることが増えたりします。ここでは、暗号資産をめぐる各国のレギュレーション（規制）の状況について見てみましょう。

日本：世界に先駆けた取り組み

仮想通貨（暗号資産）に関する法整備では、日本はこれまで世界をリードしてきたといっても過言ではありません。

まず、2017年施行の改正資金決済法は、日本が国として「仮想通貨とは何か」という定義を定めた画期的な法律で、仮想通貨に対してここまで踏み込んだ法律をつくったのは、世界ではじめてのことでした。

2017年の改正では、仮想通貨を取り扱う事業者には、おもに3つの義務が課されました。1つは、仮想通貨交換業者（取引所）を登録制にしたこと。2つめは、マネーロンダリング（資金洗浄）を防ぐため、銀行と同じレベルで、仮想通貨を取引する人の本人確認を徹底すること（200ページ参照）。3つめは、事業者が破産したときに利用者を守るため、顧客からの預かり資産と事業の運営資金を別々に管理すること（194ページ参照）、です。

さらに、2019年にも資金決済法や金融商品取引法など関連法令が改正され、顧客から預かったコインの95%以上はコールドウォレットで管理し、ホットウォレットで管理する分と同額のコインを自社保有すること（191ページ参照）、それまでとくに制限のなかった証拠金取引（FXと同じく、少ない自己資金で何倍もの金額の売買ができる仕組み）を金商法の規制対象とし、レバレッジ倍率の上限を2倍とすること（49ページ参照）、などがルール化されました。法令上の呼称が、それまでの「仮想通貨」から「暗号資産」に変更されたのもこのときです。

日本の暗号資産交換業者（取引所）は、これらのルールを遵守することが求められます。それによって、みなさんの資産を守っているのです。

アメリカ：暗号資産は有価証券かコモディティ（商品）か

アメリカでは、暗号資産が株式などと同じ有価証券に当たるかどうか、長らく議論され

3　米SEC委員長、暗号資産取引所もSECへの届出が必要と主張
https://hedge.guide/news/sec-policy-about-crypto-bc202109.html

4　米SEC委員長、暗号資産取引所もSECへの届出が必要と主張
https://hedge.guide/news/sec-policy-about-crypto-bc202109.html

てきました。有価証券とみなされた場合、それを取り扱う取引所は証券会社と同じ位置づけになるため、米ＳＥＣ（証券取引委員会）に登録が必要になります。日本の取引所はすでに登録制になっていますが、アメリカの取引所にはそうした縛りがありません。

本書執筆時点（２０２１年11月）では、ＳＥＣはビットコインとイーサリアム（通貨単位はＥＴＨ。２９０ページ参照）は有価証券ではないと明言しています。[3] 有価証券でなければ雑所得扱いになるので、税金は高くつきますが、取引所や発行団体がＳＥＣの監督下に置かれることはなく、運営の自由度は増します。

一方、ＳＥＣは、それ以外の暗号資産は証券である可能性が高く、ＳＥＣへの登録が必要だと言及しています。[4] とくに、リップル社が独占的に発行するリップル（通貨単位はＸＲＰ。２７４ページ参照）については証券の販売と同じで、未登録業者による違法販売だとして、２０２０年末に提訴しており、現在（２０２１年11月）もまだ係争中です。[5]

さらに、後ほど紹介するＩＣＯ（コインの新規発行による資金調達。３１８ページ参照）についても、投資家保護の観点から、ＳＥＣ委員長がくり返し「ＩＣＯは証券である」と述べており、[6] そうなると、ＳＥＣに登録済みの証券会社以外は、勝手に発行できなくなります。

おもしろいのは、ＳＥＣのそうした動きとは別に、米ＣＦＴＣ（商品先物取引委員会）が

5　リップル社を米証券取引委員会が提訴、「暗号資産の証券性」がブロックチェーンに与える影響とは【ブロックチェーン講座】 - INTERNET Watch
https://internet.watch.impress.co.jp/docs/column/blockchaincourse/1298009.html

ビットコインを「コモディティ（商品）」と定めたため、いわゆる「ビットコイン先物」がシカゴ・マーカンタイル取引所（CME）とシカゴ・オプション取引所（CBOE）への上場が認められたことです。先物取引業者はCFTCへの登録が必要になるため、暗号資産の監督官庁はSECなのか（有価証券の場合）、CFTCなのか（商品の場合）、綱引きが行われています。[7]

こうした動きには、まずは民間に自由に競争させ、問題が起きた時点でルールづくりをする「事後承認型」のアメリカらしさが現れています。先にルールありきで、それに沿った形で産業が形成されていくことが多い「事前承認型」の日本とは、政策決定のしかたが違うのかもしれません。

ちなみに、日本では「暗号資産は証券ではない」という位置づけです。

もう1点、アメリカの財務省は、1万ドル以上の暗号資産の送金については、すべてIRS（内国歳入庁）への届け出が必要になると発表しています。[8] こちらはマネーロンダリング対策ですね。

6 「ICOは証券」SEC委員長、前任者の見解を踏襲——ビットコイン先物ETFの可能性には言及
https://www.coindeskjapan.com/117973/

7 米CFTC委員「SEC（証券取引委員会）は、仮想通貨など商品に対する権限は持たない」
https://coinpost.jp/?p=266751

中国：暗号資産の取引自体が違法に

当初、ビットコインの取引量でもマイニング事業者の数でも一大勢力を誇った中国ですが、徐々に暗号資産に対する締め付けが厳しくなり、2021年9月、中国人民銀行が国内での暗号資産関連事業の全面禁止を発表するに至りました。[9]

中国は、ブロックチェーン技術を使った「デジタル人民元」（中央銀行デジタル通貨＝CBDCについては269ページ参照）の開発を強力に推進する一方、支配下にないビットコインに対しては断固とした態度をとってきており、ついに全面禁止＝全面撤退となった次第です。暗号資産市場における中国の影響力は、この先さらに縮小するものと思われます。

エルサルバドル：ビットコインが法定通貨に

暗号資産界隈でいま最も注目されているのは、中米の小国エルサルバドルの動向です。石油・石炭などの資源を持たず、九州の半分ほどの面積に650万人が暮らすエルサルバ

8 米政府、仮想通貨送金に報告義務 1万ドル以上の取引：日本経済新聞
https://www.nikkei.com/article/DGXZQOGN20FFY0Q1A520C2000000
9 中国、暗号資産を全面禁止 「関連サイトやアプリは迅速にシャットダウン」
https://www.itmedia.co.jp/news/articles/2109/25/news031.html

ドルは経済的にも脆弱（ぜいじゃく）で、GDP（国内総生産）の2割をおもにアメリカへの出稼ぎ労働者からの仕送りに頼っています。[10]

以前は自国発行の通貨サルバドールコロンがありましたが、度重なる内戦の影響もあって価値を維持できず、2001年からは事実上、米ドルが唯一の法定通貨の役割を果たしてきました。[11] 自国の通貨が暴落して信用を失うと、国民の誰もがすでに広く流通しているドルをほしがります。そうして通貨発行権を失ったり、ドルを併用するようになった国がほかにもいくつかあります（南米エクアドルや中米パナマなど）。[12]

国が正式に認めたかどうかにかかわらず、国内市場でドルが広く流通する「ドル化」が起きれば、自国通貨安によるインフレの悪循環から逃れることはできますが、たとえば「円安（ドル高）」になると、外国から見て割安感が増え、日本の輸出産業が盛り返すといった効果を期待できなくなります。また、ドル安になろうがドル高になろうが、自分たちでコントロールすることはできないので、経済の首根っこをアメリカに握られた状態に陥ります。

それを嫌ったエルサルバドルのブケレ大統領は、2021年9月7日から、ビットコインを米ドルと並ぶ法定通貨に格上げして、世界を驚かせました。日常の買い物やレストラ

10 ビットコインが法定通貨に　価格が急落、反対デモも　エルサルバドル：朝日新聞デジタル
https://www.asahi.com/articles/ASPBD6VMRPB9UHBI009.html

11 ビットコインを法定通貨化するエルサルバドルの将来
http://www.nri.com/jp/knowledge/blog/lst/2021/fis/kiuchi/0901

ンの支払いも納税もビットコインで行える、事業者はビットコインの支払いを受け付けなければいけない、というのです。ブケレ大統領には、特定の国の支配を受けないビットコインなら、アメリカの言いなりにならなくてすむ、という読みがあったのかもしれません。

ビットコインを法定通貨にしたのには、もう1つ、実際上の理由もあります。アメリカに出稼ぎにいった人たちからの仕送りは、それまで米ドルを国際送金していたわけですが、毎回手数料がバカにならない。そもそも銀行口座を持っていない人が7割もいるのです。そうした人向けの国際送金サービスと比べると、ビットコインの送金手数料は割安なので、出稼ぎに行っている人と国内で仕送りを受け取る人がともにビットコインのウォレットを使えば、それまでより安く、安全に、素早く送金できるというわけです。

エルサルバドルでは、政府が提供するウォレットアプリ「チボ」を通じて、30ドル相当のビットコインを国民に配って、利用を呼びかけています。1か月後には早くも国民の半数近くがチボを使っていると大統領がツイッターで表明しました。

ビットコインの利用が広がれば、それだけ需要が高まり、長期的にはビットコイン価格も上昇していくことが期待されます。また、ユーザーが増えれば、それに伴って、使い勝手のよいサービスも続々と登場してくるでしょう。これまで「資産（アセット）」としての

12 レファレンスデータベース ＞ 国独自の通貨を持たない国
http://digioka.libnet.pref.okayama.jp/detail-jp/id/ref/M2018030317514287799

利用が先行していたビットコインが、日常の支払いのシーンでも当たり前のように活躍する日がやってくるかもしれません。

超大国アメリカの反撃はあるか

実態を持たないバーチャルな通貨を法定通貨にするというエルサルバドルの「実験」が注目を集めているのは、中南米カリブ海には、エルサルバドルと同じ問題を抱えている国が少なくないからです。もし、エルサルバドルの試みが成功したら、ドミノ倒しのようにバタバタとビットコインになびく国が出てきても不思議ではありません。

そうなると、米ドルの影響力は相対的に低下します。アメリカが超大国だったのは、軍事力や外交力、経済力だけが理由ではありません。ドルが基軸通貨だったことも少なからず影響しています。その地位が脅かされたとき、アメリカがどういう姿勢でのぞんでくるのか。世界が注目しています。

私たちは、テクノロジーの発明・進化によって破壊的なイノベーションが発生し、世の中に非連続的な変化がもたらされる現場をいままさに目撃しているのかもしれません。

PART

ブロックチェーンの進化と広がり

PART 4
01

ビットコインが抱える4つの課題

ナンバーワンの人気を誇るビットコインは優れた設計思想とテクノロジーの産物ですが、理想への道はまだ半ば。ビットコインが抱えるさまざまな課題を解決するために、いくつものアプローチが考え出され、新たな技術やコインが生まれて、暗号資産の世界を豊かに彩っています。

図13 ビットコイン（BTC）時価総額の推移

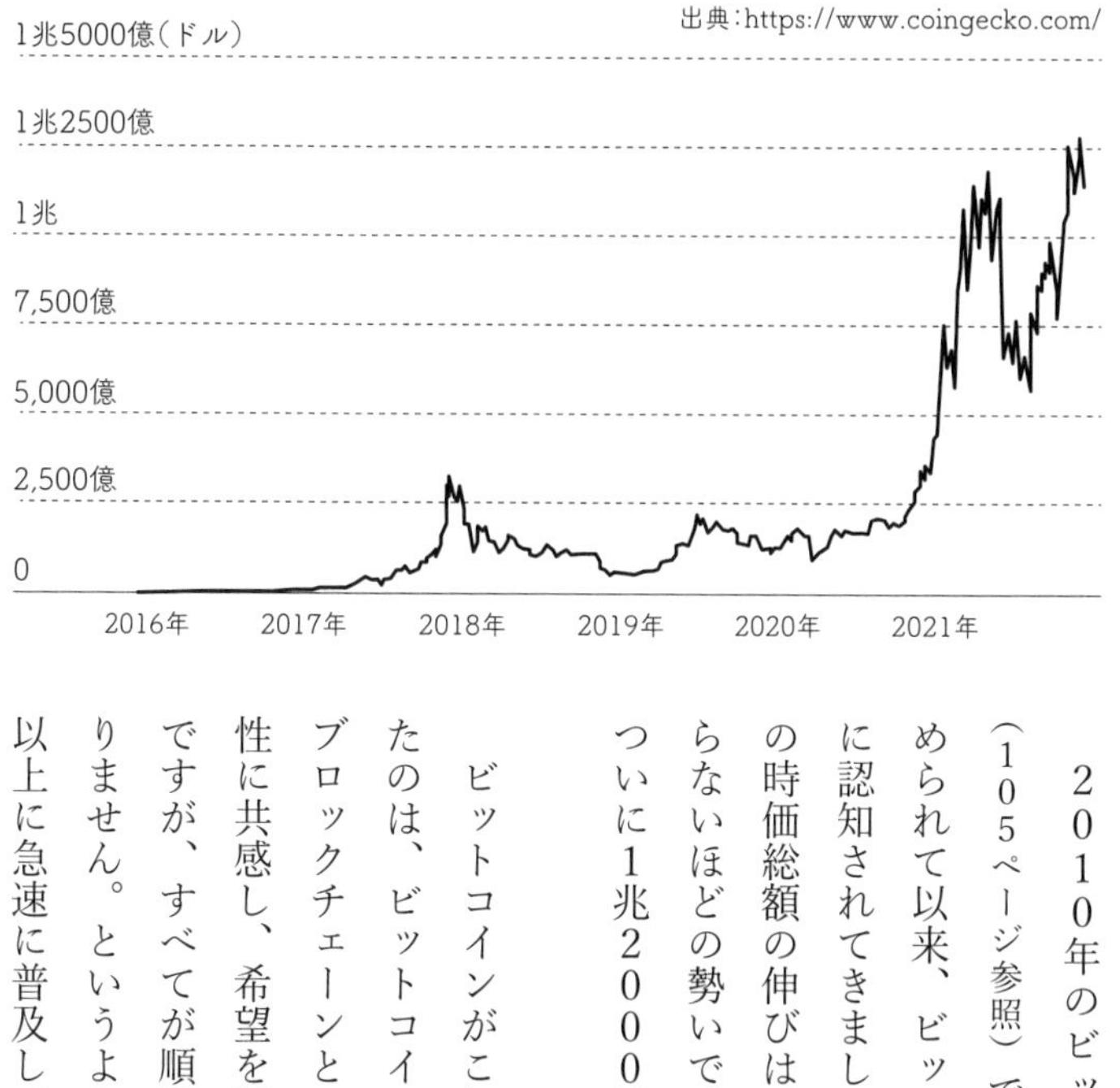

２０１０年のビットコイン・ピザ・デイ（１０５ページ参照）ではじめて「価値」が認められて以来、ビットコインは少しずつ世界に認知されてきましたが、２０２０年末からの時価総額の伸びは、それまでとは比較にならないほどの勢いで、２０２１年11月には、ついに１兆２０００億ドルにも達しています。

ビットコインがこれだけ多くの支持を集めたのは、ビットコインの優れた設計思想と、ブロックチェーンというテクノロジーの将来性に共感し、希望を託した人が多かったからですが、すべてが順風満帆だったわけではありません。というより、むしろ、当初の想定以上に急速に普及してしまったビットコインには、問題が山積みだったといったほうが正確かもしれません。

[ビットコインの課題①] 処理に時間がかかりすぎる

ビットコインの売買や換金、送金などの取引（トランザクション）はすべてマイニングによって承認され、ブロックに書き込まれてはじめて成立します（136ページ参照）。マイニングは10分ごとに行われますが、1つのブロックに書き込める取引数は限られているため、ビットコインを買う人が増え、取引量が増えるほど、承認されるまでに時間がかかってしまうという問題があります。

こちらはとっくに支払ったはずなのに、それが承認されるまで10分どころか1時間以上かかったとすると、「まだ届かない」「本当に送ったのか」「ウソをついているのではないのか」と怒り出す人が出てくるかもしれません。それは非常にマズイわけです。

そこで、承認までの時間を短縮したいという切実なニーズを受け、その解決策として登場したのが、①ブロックサイズを増やす（ビッグブロック）、②取引データを圧縮する（セグウィット）、③ブロックに書き込む取引数を絞り込む（ライトニングネットワーク、サイドチェーン)、という3つの方法です。

ビットコインの使い勝手をよくしようというこれらの試みについては、パート4の02(222ページ参照)と03(236ページ参照)に分けて解説します。その過程で、新種のビットコインが誕生したりしました。

[ビットコインの課題②] 変動幅が大きすぎる

ビットコインが人気を集め、大量のマネーが流入してきた結果、ビットコイン価格の変動幅(ボラティリティ)が非常に大きくなりました。といっても、決して一本調子で上がり続けたわけではなく、ちょっとしたことで価格が乱高下してしまう、きわめて不安定な状態に陥ってしまったのです。

たとえば、数時間で10%以上価格が上がったり下がったりしてしまうと、取り扱いがむずかしくなります。送った時点と、取引が承認されて受け取った時点の価格差が大きくなり、「得した」「損した」ということになりかねないからです。

そこで、変動幅を抑えて価格を安定させるために、いつでも「1ドル=1コイン」で交換できるとうたったステーブルコインが登場します（04で解説。248ページ参照）。それがあっというまにブームになり、非常に儲かることがわかったため、フェイスブック（2021年にメタに改称）が参入を表明したり、それを快く思わない国（中央銀行）が自らデジタル通貨の発行を目指すなど、仮想通貨をめぐる覇権争いがにわかに騒がしくなってきました（05で解説。262ページ参照）。

［ビットコインの課題③］消費電力が大きすぎる（＝コストが高すぎる）

ビットコインのマイニングレースに勝利するには、高価な専門マシンを何千、何万台も買い揃え、24時間フル稼働させる必要があります（136ページ参照）。それだけのマシンパワーを維持するために消費される電力もケタ違いで、ビットコインのネットワーク全体の電力消費量は年間100テラワットアワーを超えるという推計もあるほどです。[1]

この数字は世界全体の電力量のおよそ0・5％に相当し、多くの発展途上国や新興国の年間消費量を上回るレベルです（2021年6月1日時点）。それだけの電力が、バーチャルな通貨を維持するためだけに使われているのです。

1 Cambridge Bitcoin Electricity Consumption Index (CBECI)
https://ccaf.io/cbeci/index

これは由々しき事態です。限りある資源（発電に使われる石油・石炭・天然ガス）の無駄遣いではないか。ＳＤＧｓ（持続可能な開発目標）に反しているのではないか。気候変動対策で「脱炭素」を目指す動きに逆行しているのではないか。疑いの目を向けられています。

ビットコイン側も、そうした批判をただ黙って見ているわけではありません。たとえば、ビットコイン推進派のジャック・ドーシー（ツイッターＣＥＯ兼スクエアＣＥＯ）は、マイニングに使われるのがクリーンエネルギー由来の電力なら、カーボンニュートラル（温暖化ガスである二酸化炭素の排出量が実質ゼロである）といえるはずと訴えています（72ページ参照）。

とはいえ、マイニングに大量の電力が必要な状況に変わりはありません。そのことが、ビットコインの1取引あたりのコストを割高にしているのも事実です。

そこで、抜本的な解決策として、プルーフ・オブ・ワーク（１３７ページ参照）というマイニングの根幹にかかわる仕組みを廃止して、別の承認プロセスを採用したコインが登場します。銀行間ネットワークの刷新を目指すリップルがそれです。リップルはそれによって、低電力、低コストを実現しただけでなく、即時決済（課題①）と価格の安定（課題②）をも同時に実現した、きわめて優秀なコインです（06で解説。２７４ページ参照）。

［ビットコインの課題④］意思決定に時間がかかりすぎる

ビットコインは特定の国や組織に依存することなく、非中央集権的な分散型ネットワークによって成立しているところが最大の眼目でした。管理主体がいないため、開発目標やルールがトップダウンで降りてくることもなく、参加メンバーによる話し合いで決める必要がありますが、利害関係者が増えれば、それだけ1つの方向に議論をまとめるのがむずかしくなります。いろいろな考えを持った人が入ってくるからです。

ビットコインの理念とは裏腹に、メンバーによる民主的な運営が、かえってビットコインの発展を阻害してしまう可能性が出てきたわけです。

この問題の解決策は簡単です。真ん中で発行や運営を管理する企業や団体がいればすむからです。つまり、ビットコインのような分散型ではなく、「中央集権型」であれば、意思決定はスムーズに行きます。真ん中にいる人たちが独断で決めればいいからです。

実は、価格の安定をうたったステーブルコイン（04）も、テックジャイアンツや中央銀行が発行するデジタル通貨（05）も、銀行システムの裏側でやりとりされるリップル（06）

も、真ん中に組織があって、開発計画や価格をコントロールしています。

さらに、リップルについては、独自の承認システムに参加できるのは、リップル社に認められた人だけという制限があります。ビットコインが誰でも参加できるパブリックなブロックチェーンだとすると、リップルは特定の人しか参加できないプライベートなブロックチェーンという違いがあるのです。

「アルトコイン＝ビットコインのバリエーション」という図式

このように、最初に生まれたビットコインが人々に受け入れられ、新たな問題にぶつかるたびに、それを解決するためのテクノロジーや新種のコインが登場し、裾野を広げてきたというのが、仮想通貨（暗号資産）とブロックチェーンの歴史です。

ビットコイン以外の仮想通貨（暗号資産）をまとめて「アルトコイン（代替コイン：オルタナティブコインの略）」といいますが、現在1万4000種以上（2021年11月時点）のアルトコインが流通しています。その大半は、ほとんど取引実績のない泡沫コインだとしても、日本の取引所で扱うことを認められた「暗号資産」だけでも38種類あります（2021年11

月1日時点で、コインチェックが取り扱うコインの種類は17種類)。

そのすべてを本書で紹介することはできませんが、ビットコインが抱えるさまざまな課題を、それぞれのやり方で解決するためにアルトコインが出てきたと考えれば、それらのコインの特徴をつかみやすくなるはずです。つまり、アルトコインはその名の通り、おおもとのビットコインを、それぞれのやり方で課題解決・発展させたバリエーション、と見ることができるのです。

次の図は、そうした関係をまとめたものです。このパートは、この図に沿って解説していきます。

図14 ブロックチェーンの進化と広がり

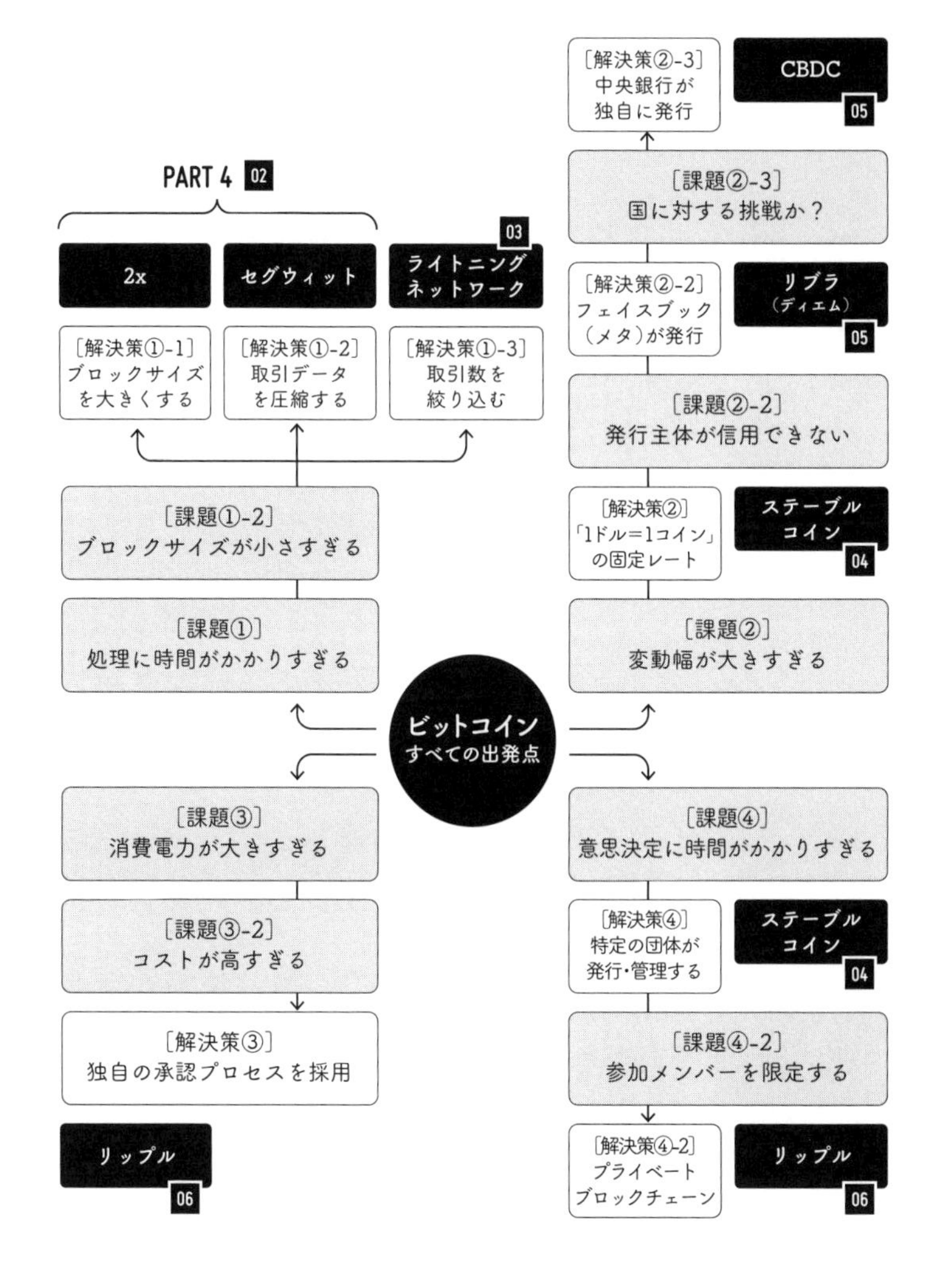

PART 4
02

スケーラビリティ問題の解決策①

セグウィットとビットコイン分裂騒動

ブロックサイズが小さすぎるために処理速度が上がらないスケーラビリティ問題を回避する方法として、①サイズを大きくする、②取引データを圧縮する（セグウィット有効化）、③ハードフォークで別のコインを発行する、という3つの解決策が示され、試行錯誤を重ねてきました。

ビットコインを支えるブロックチェーン技術は、マイニングによって承認されたブロックをチェーンのように順繰りに連結していくことで成り立っています（128ページ参照）。1個1個のブロックは容量の上限が決まっていて、最大1MB（メガバイト）です。上限が決まっているので、1つのブロックに書き込めるトランザクション（取引）の数もおのずから制限されます。

このことが、ビットコイン普及の足かせになっています。すべての取引はマイニングによって承認されるまでは完結しないので、ビットコインの人気が高まって取引量が増えると、個々の取引が承認されるまでの順番待ちの列が長くなって、処理に時間がかかってしまうのです。

スケーラビリティ問題をクリアするために

ブロックサイズが小さいために処理が遅くなる問題を「スケーラビリティ問題」といって、ビットコインのボトルネックとされています。

こちらはとっくにビットコインを送ったはずなのに、相手はまだ受け取っていない。そのタイムラグが長くなると困る人も出てくるからです。マイニンググレースが行われる10分程度ならまだしも、何時間もあとにならないと届かないということになると、使い勝手がよくないわけです。

この問題を回避するための基本的な方針は2つです。1つは、ブロックのサイズが小さすぎることが問題なので、ブロックの容量を増やす。もう1つは、ブロックの容量はそのままにしておいて、書き込む取引データ（トランザクション）のサイズのほうを小さくする。どちらも、ブロック1個に書き込めるトランザクションの数を増やすことによって、処理能力がパンクするのを防ぐことを狙っています。

2017年には、2つの基本方針のどちらを採用すべきかで、業界が真っ二つに割れて激しい論争が起きました。

ブロックサイズを2倍にするか、取引データを圧縮するか

現状1MBのブロックを2倍、4倍……と大きくしようと主張したのは、当時、中国にたくさんいたマイニング業者を中心とした勢力でした。ブロックサイズが2倍、4倍……

になれば、1つのブロックに格納できるトランザクションの数も2倍、4倍……になるので、承認の順番待ちの列に並ぶ可能性は低くなります。しかし、処理するのに必要なマシンパワーがいままで以上に必要になり、ただでさえ中国に偏りがちだったマイニング業者がさらに中国に一極集中するかもしれないという懸念がありました。

一方、1つのブロックに入れるデータ量を圧縮しようと主張したのは、ビットコインの初期から開発に携わってきたコア・デベロッパーを中心とした勢力です。ブロックに格納される個々のトランザクションのうち、電子署名（Witness）部分を切り離そう（Segregate）ということで、このやり方は「セグウィット（SegWit）」と呼ばれます。

セグウィットを有効にすると、取引データが圧縮されて、従来の1MBのブロックにおよそ1・7MB分の取引データが格納できるといわれています。器の大きさは変えずに、中身をギュッと圧縮することで、ブロックサイズを2倍にするのに近い効果が得られるというわけです。

セグウィットを有効にするには、一定の割合以上のマイニング業者の賛成が必要となりますが、なかなか賛成票が集まらず、宙ぶらりんの状態が続いていました。

セグウィット有効化はソフトフォーク路線

マイニング業者が主張するようにブロックサイズを大きくするか、それとも、コア・デベロッパーの言うようにセグウィットを有効にするか。どちらにしても、それまでのビットコインのルールを書き換える必要があります。

ところが、ビットコインに限らず、実体を持たない仮想通貨はもともと「こういうルールのもとで運用されるものを◯◯コインと呼ぶ」「ルールに則っていない取引は認められない」という約束事で成り立っている世界なので、「ルールを変える」ということは、従来のコインとは別のコインを新たにつくることにほぼ等しいわけです。

この「ルールを変える＝新たなコインをつくる」ことを、「フォーク（fork）」と呼んでいます。ナイフとフォークのフォークと同じで、先が枝分かれして、別のものになるということです。

フォークのやり方自体も2つあります。

1つは「ソフトフォーク」で、みんなで一斉に新しいルールを採用しようということです。ソフトウェアのバージョンアップと同じで、ある日を境に、全員が旧ルールから新ルールに乗り換えるため、コインの分裂は起きません。自分が持っているコインもそのまま引き継がれますが、みんながきちんと乗り換えられたか確認するのに時間がかかり、その間は取引を停止するのが普通です（ブロックチェーンは分散型ネットワークなので、1カ所書き換えれば終了というわけにはいかないからです）。

先ほどのセグウィット有効化はソフトフォーク路線です。

新旧2つのコインに分裂するハードフォーク

もう1つは「ハードフォーク」で、本来枝分かれしないはずのブロックチェーンを無理やり2つに分けるやり方です。ある時点でそれまでのブロックチェーンをコピーし、一方は旧ルールのまま運用して、もう一方は新しいルールを適用して運用を始めます。つまり、ある日を境に新旧2つのコインが併存することになります。

旧コインを持っていた人は、ある日突然「額面上」2倍のコインの持ち主になります。しかし、実際の価値がどうなるかはわかりません。2つのコインの価格がどのように変動するかは、市場が決めるからです。両方とも上がるかもしれないし、ともに下がることもあり得ます。実際には、旧コインは分裂前と同じように価格が上がり続けるのに対して、新コインはイマイチ人気がなく低迷したまま、ということが多いようです。

とはいえ、フォーク自体はそんなに珍しいことではありません。仮想通貨をつくってみたけど、運用を始めたら、いろいろ改善すべきところが見つかったからルールを変えようというのは、実際よくある話です。たとえば、３０４ページで解説するように、イーサリアムは、ハードフォークでイーサリアム（ＥＴＨ）とイーサリアム・クラシック（ＥＴＣ）に分裂しました。

それ以前に、そもそもブロックチェーン技術を使った仮想通貨は、多かれ少なかれ、ベースとなるビットコインの技術を改良してつくられているので、ルールの書き換えの延長線上にあります。その意味では、ビットコインの分身とも言えるのです（ただし、過去のブロックチェーンをコピーして分離したわけではないので、いわゆるハードフォークとは異なります）。

セグウィットもするけどブロックも2倍以上に増やす折衷案

フォーク自体はそれほど珍しいことではないのですが、2017年の分裂騒動が大きな注目を集めたのは、ビットコインが世の中に浸透して、利害関係者が大幅に増えていたからです。ビットコインは関係者の合議によってルールを決める「民主的な通貨」ですから、関係者の数が増えれば、それだけ議論をまとめるのがむずかしくなります。

このときは、マイナー主導の「ビッグブロック派（ブロックサイズを大きくしたい）」と、コア・デベロッパー主導の「セグウィット派（セグウィットを有効化したい）」という基本路線の対立は、紆余曲折はあったものの、最終的には、両者のいいとこ取りを狙った折衷案「セグウィット2x（SegWit2x）」が多数の関係者に受け入れられたことで、ひとまず、それ以上の混乱は回避されました。

「セグウィット2x」というのは、文字通り、セグウィットもするけどブロックも2倍以上に増やすという意味で、まさにビッグブロック派とセグウィット派の妥協が成立したわけです。ここで妥協しなければ、もはや分裂は回避できないというギリギリのタイミングでした。

一部マイナーがハードフォークを強行、ビットコインキャッシュが誕生

これで一件落着、と誰もが胸をなでおろした2017年8月、事件が起きます。中国の有力なマイニング業者だった「ヴィアBTC」がハードフォークを強行して、ビットコインキャッシュ（通貨単位はBCH）という新たなコインが誕生したのです。

みんなが「セグウィット2x」でやるのはかまわないけど、自分たちは別の方式で行くんだという「独立宣言」のようなものです。ビットコインキャッシュは最初から1ブロックの上限が8MBとされました。

国によってルールを強制されるわけではなく、自分たちの好きなように決められるのはビットコインのおもしろいところだし、分裂自体は起こるべくして起こったことかもしれませんが、そのコインをみんなが支持するかどうかは別の話です。支持されなければ、自然と消えてなくなります。

ハードフォークで分裂した場合、データがコピーされるわけですから、もともと「1BTC」持っていた人は、分裂後はビットコインを「1BTC」、ビットコインキャッシュ

を「1BCH」所有していることになります。いきなり額面が2倍に増えてビックリですが、価値が2倍になるとは限りません。ただのコピーだから、それぞれ半分の価値になってもおかしくないわけです。

実際には、分裂の前後を比べると、ビットコイン価格は短期間で2倍近くに急上昇しました。下落してもおかしくなかった局面なのに、逆に反発して大きく伸びたのです。結果的に分裂したといっても、それほど大きな影響はなさそうだし、セグウィットも有効化され、積年の懸念が1つ解消されたということで、ポジティブに評価した人が多かったからのようです。

一方、ビットコインキャッシュのほうは、そこまで大きな支持は得られませんでした。分裂直後はビットコイン価格の10分の1ほどで推移していましたが、本書執筆時点（2021年11月）で比べると、「1BTC＝700万円前後」「1BCH＝7万円前後」となっていて、およそ100倍の開きがあります。

ビットコインキャッシュに支持が集まらなかった理由

新旧コインの価格にそこまで差がついた理由は何だったのでしょうか。

1つは、ビットコインキャッシュを始めたヴィアBTCにしても、その周辺のマイニング業者にしても、旧コインであるビットコインを大量に持っていたということです。マイニングの報酬はビットコインで支払われるため、ビットコイン価格が下がると、結局、自分たちが損することになります。それを避けようと思えば、独立宣言したといっても、自分たちが持つマイニングパワーを新コインに全部振り向けるわけにもいかず、引き続き、旧コインの承認作業もするしかありません。つまり、新コインがコケたときのリスクヘッジもしつつ、儲かる範囲で、新コインにリソースを投入するというごく当たり前の経済原理が働くわけです。

逆にいうと、BCHが上がってくれないと、そこまで本気に取り組むわけにもいかず、結果として、BCHの利用が広がらないという悪循環に陥りがちです。実際、BCHが出てきた当初は、マイニングパワーが足りず、取引の承認に半日近くかかることもあったようで、決して使い勝手がいいとはいえませんでした。

もう1つは、新しいコインができたといっても、取引所が扱ってくれなければ、売買できる場は限られるということです。出てきた当初は、新コインに対応していない取引所も多かったので、取引所をまたいだ取引ができませんでした。

誰かが中央で管理しなくても、うまく回る仕組み

この分裂騒動で、もしビットコインキャッシュが主流になっていたとしたら、マイナーの天下になったはずです。自分たちの思い通りにルールを変更できるなら、いちばん儲かるように変えるのが理にかなっているからです。

とはいえ、マイナーもビットコインを大量に持っているので、その資産価値をゼロにしてまでビットコインキャッシュに乗り換えるかといえば、かなりむずかしいはずです。イノベーションのジレンマではないけれども、自分たちの資産を自分たちで目減りさせる決断は、なかなかできないのが人間です。

そこまで含めて、ビットコインの仕組みというのは、本当によく考えられているなと感

心します。すでに持っている人にとっては、ルールを極端に変えること自体がリスクになってしまう。だから、特定の個人や企業による乗っ取りや、ルールの改悪などがしにくいように設計されているわけです。

一方、いったん合意したかに見えた「セグウィット2x」は、実は、いまだに宙ぶらりんのまま実現していません。取引データを圧縮するセグウィットは実装されたものの、ブロックサイズを2倍、4倍……と増やすハードフォークは延期されたままになっています。その結果、スケーラビリティ問題は相変わらずビットコインのボトルネックであり続けているわけですが、ブロックに書き込む取引の数そのものを減らすという、まったく別の解決法（ライトニングネットワーク）が登場したことで、風向きが変わりつつあります。それについては、次の項目で説明します。

ビットコイン分裂にまつわる一連の出来事は、「分裂して両方とも価格が上がれば、まさに現在の錬金術だ」とメディアが騒ぎ立てたこともあって、世間の注目を集めました。しかし、この騒動で得られた教訓は、むしろ、中央で誰かが一元管理しなくても、世界中に散らばった利害関係者同士が粘り強く調整を重ねていけば、時に混乱することはあっても、前進し続けることが可能だということではないかと思います。

ビットコインは、実は、思っている以上にシステムとしてよくできているし、技術というより人同士のつながり、ネットワークの力で最悪の事態を回避できたという意味で、今後のビットコインやアルトコインの行方を占ううえで、非常に意味のあるイベントだったのではないかと思います。

PART 4
03

スケーラビリティ問題の解決策②

ライトニングネットワークとサブチェーン

処理速度が遅すぎる問題の解決策としては、セグウィット有効化だけでは決め手を欠き、ブロックチェーンの外での取引を増やすことで、承認プロセスそのものを迂回する「ライトニングネットワーク」や「サイドチェーン」といった試みが出てきています。

これまで何度も述べてきたように、ビットコインの取引は、マイニングによって承認されてはじめて成立します。そのため、ビットコインの人気が高まり、普及するほど、承認に時間がかかり、マイニングの手数料も上がってしまって、かえって使い勝手が悪くなるという構造的な問題を抱えています。

そこで、前項で述べたようにブロックサイズを大きくしたり、ブロックに書き込むデータ量を圧縮したりして問題解決をはかろうとしたわけですが、利害関係者が増えるにしたがって、話し合いによる民主的な解決が次第に困難になってきたのもまた事実です。

1秒間に数件しか処理できない脆弱なシステム

ビットコインの仕組み上、1秒間あたりで処理できる取引数（スループットといいます）は、もともと6から7くらいしかありませんでした。[2] セグウィットが有効化され、1.7倍書き込めるようになったとしても、スループットはやっと10を超えるレベルです。

仮に1秒間に10件処理できるとしても、1分あたり600件、マイニングレースが締め切られる10分あたりに換算すると6000件。つまり、1ブロックに書き込めるトランザ

2 秒間3000〜4000取引の処理性能に到達したプライベートブロックチェーン https://knowledge.sakura.ad.jp/7332/#footnote

クションの数は最大で数千程度しかないわけです。

ビットコインが普及して、日常の支払いにも使われるようになれば、毎秒10件しか処理できない脆弱なシステムでは、とても対応しきれません。あっというまにパンクしてしまうでしょう。ちなみに、世界中で使われているクレジットカードは、1秒間に数万件処理できるといわれているので、とても比較できるようなレベルではないことはたしかです。

そこで、いっそのこと「ブロックに書き込む取引の数そのものを減らせばいいのではないか」という、それまでとはまったく異なるアプローチが出てきました。それが「ライトニングネットワーク」で、2者間の少額取引については、1つ1つの取引を全部ブロックに書き込むのではなく、一定期間で区切って相殺できる部分は相殺し、最終的な差額分だけブロックに書き込めばいいという発想がベースにあります。

入口と出口だけ記録する「ペイメントチャネル」

どういうことか、具体的に説明してみましょう。

Aさんはお店のオーナー、Bさんはそのお客です。2人はビットコインで支払いを済ませたいと考えています。そこで2人はブロックチェーン上に「ペイメントチャネル」を開き、それぞれビットコインをいくらか入金します。ここでは仮に、Aさんは500円分、Bさんは2500円分のビットコインを入金したとしましょう（入口）。

その後、Bさんはお店で買い物をするたびに、自分が入金したビットコインから代金を支払います。たとえば、300円、200円、400円、100円、500円、200円、300円、と計7回買い物をしたとします（合計2000円）。一方、店主のAさんは、常連客のBさんに対して、サービスの一環として、50円のキャッシュバックを2回行いました（合計100円）。これらの取引は両者が確認すれば瞬時に終わります。面倒な承認手続きなしに即時決済できるので、「送った」「まだ届いていない」という行き違いが発生することもなく、2人とも安心です。

さて、一連の取引が終わってペイメントチャネルを閉じるとき、Aさんは2400円、Bさんは600円分のビットコインを持っていることになります（出口）。

通常のビットコイン取引なら、BさんからAさんへの7回の支払い（送金）と、AさんからBさんへの2回のキャッシュバック（送金）の合計9回の取引を、その都度ブロックチェーンに書き込まなければいけません。

しかし、ペイメントチャネルを利用すると、入口（AさんからペイメントチャネルへのBさんからペイメントチャネルへの送金）と、出口（ペイメントチャネルからAさんへの送金、ペイメントチャネルからBさんへの送金）の取引だけ、ブロックチェーンに書き込めばいいわけです。

それによって、ブロックに書き込まれるトランザクションの数を減らし、結果として、承認にかかる時間をできるだけ短縮することを狙っています。

簿外取引でブロックチェーンを迂回する「ライトニングネットワーク」

ペイメントチャネルはあくまで2者間の取引を相殺する仕組みです。誰かとビットコインのやりとりが発生するたびに、新たにペイメントチャネルを開かなければならないとしたら、とても面倒です。

そこで、すでにあるペイメントチャネル同士をつなぐネットワークとして、ライトニングネットワークが登場したのです。

先ほどの例でいうと、お店のオーナーであるAさんは、Bさん以外にも、Cさん、Dさん、Eさん……という別のお客とペイメントチャネルを開いています。すると、Bさんと

図15 ライトニングネットワーク

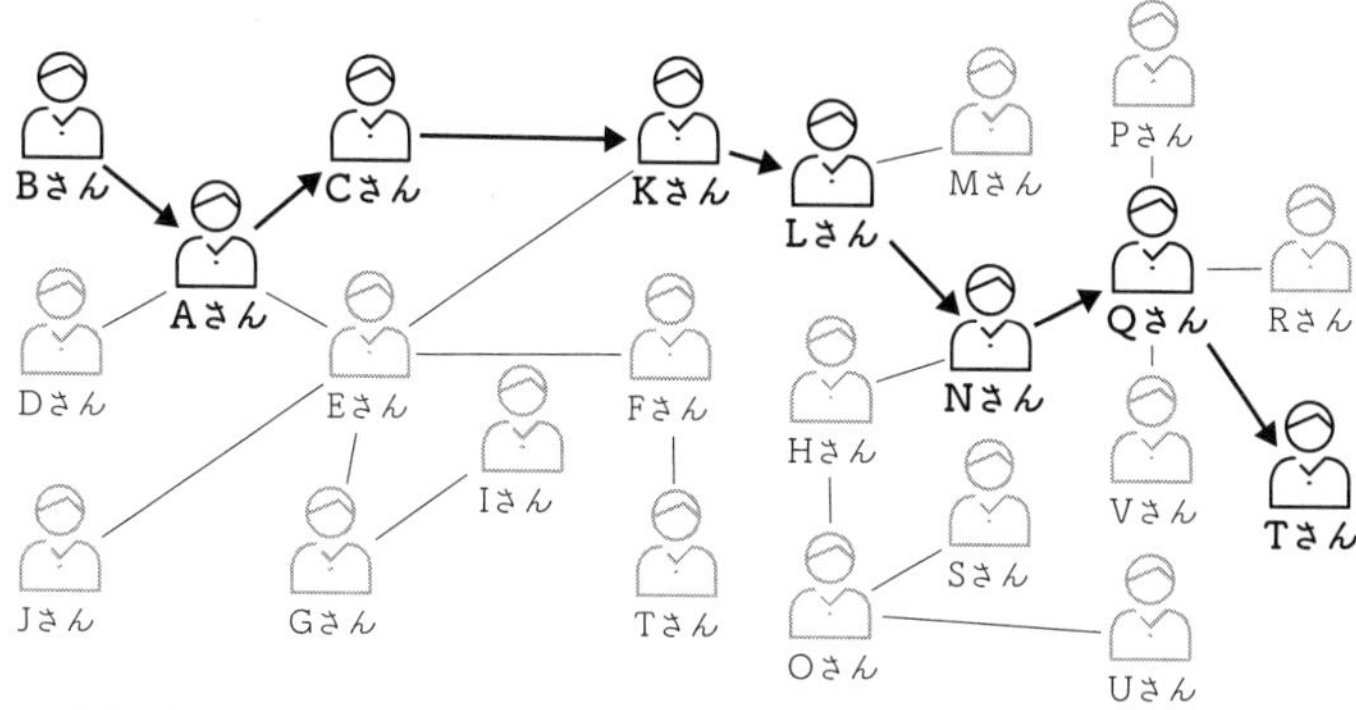

ペイメントチャネルのネットワークでつながっていれば、「Bさん→Aさん→Cさん→Kさん→Lさん→Nさん→Qさん→Tさん」というルートでBさんからTさんへビットコインを送金できる

Cさんは直接面識がなかったとしても、Aさんを経由すれば、BさんからCさんへ、ビットコインを送ることができるのです。この送金についても、ペイメントチャネルを閉じない限り、ブロックチェーンに記載することはありません。

ライトニングネットワークがすごいのは、ペイメントチャネルのつながりをたどっていくことによって、まったく知らない人同士でも、ビットコインを送り合うことができるという点です。このネットワークの広がりによって、膨大な数の取引が、ブロックチェーンに記載されることなく、成立するようになってきたのです。

ライトニングネットワーク上の取引は、ブ

ロックチェーンの外で行われるため、「オフチェーン」と呼ばれます。いってみれば、ビットコインという分散型台帳には記載されない「簿外取引」を大量に行って、台帳に記載される情報量そのものを減らせば、ビットコインの使い勝手が劇的に向上するかもしれないということです。

たとえビットコインが1秒間に10件しか処理できないとしても、書き込まれる1件のトランザクションに数百、数千のオフチェーン取引を集約させれば、数百倍、数千倍の処理能力を持ったのと同じです。

オフチェーン取引は相殺され、ペイメントチャネルを閉じたときだけ記録されるので、月末〆で差分だけ精算する会社同士の取引と基本的には同じです。振込手続きを省略すれば、その分手数料も下がるし、お互いに手間も減るので、一石二鳥というわけです。

手数料が下がればマイクロペイメントが実現する

ひと口にトランザクション（取引）といっても、何十万、何百万円分の高額のビットコインをやりとりすることもあれば、数十円、数百円分の少額のビットコインをやりとりすることもあります。それらすべてを同列に扱うと、取引量が膨れ上がってしまうので、とくに細かいお金のやりとりについては、できるだけまとめて処理したほうが効率がいいという発想が、ライトニングネットワークの根底にあります。

すべての取引を個別に承認してもらうとバカにならないマイニング手数料も、まとめて処理すれば、ほとんど無視できるレベルまで下がります。その結果、1円単位、1円未満のようなさらに少額の取引もできるようになるかもしれません。ライトニングネットワークがマイクロペイメント（少額決済）への道を開くきっかけになると期待されているのは、そのためです。

これまでは、わずか数円から数十円単位のお金を送りたくても、手数料のほうが高くなり送れない、という問題がありました。とくに国際送金については、割高な手数料がハードルとなって、国をまたいだ自由なお金の移動を妨げてきたという歴史があります。

ビットコインはもともと、従来の金融システムでは実現できなかった「早くて安い」（国際）送金を可能にするテクノロジーとして登場しました。ところが、取引量が増えすぎて処理が追いつかないという、別の問題にぶつかってしまったわけです。そこで、オフチェーン取引によってブロックチェーンを迂回する、つまりマイニングの負担を軽減する仕組みとして、ライトニングネットワークに注目が集まってきたのです。

ブロックチェーンの土台の上に、別のレイヤーのシステムを載せる

ライトニングネットワークは、ブロックチェーン技術という土台の「上」に築かれるので、「レイヤー2」や「セカンドレイヤー」とも呼ばれます。いちばん下の1層目にビットコインのシステムがあり、2層目にライトニングネットワークが載るイメージです。

つまり、ライトニングネットワークは、ビットコインの一機能として提供されるサービスです。そのレイヤーを開発するスタートアップも出てきています。

ライトニングネットワークは別のレイヤーの話であって、ビットコインのシステムそのものをいじることはないので、ハードフォークによって強制的に新コインに切り替える必要はありません。既存のシステムをアップデートすれば対応できるレベルです。それによって、当初の目的である「早くて安い」送金を実現しようとしているわけです。

大口ユーザーの取引所同士を結ぶ「サイドチェーン」

少額の取引については、ライトニングネットワークというブロックチェーンを迂回して即時決済を実現する仕組みが登場したことで、承認に時間がかかりすぎるスケーラビリティ問題が解決に向けて動き出しました。

大口の取引についても、ブロックチェーンを迂回する取り組みが出てきています。それが「サイドチェーン」です。お互いに信用できる取引所同士を結び、そこでのやりとりについては、毎回ビットコインを送り合うのではなく、お互いに送ったものと見なし、たとえば1日〆なら日付が変わるタイミングで精算して、差分だけを送り合う仕組みです。

ライトニングネットワークと似ていますが、あちらはペイメントチャネルにプールしたビットコインをやりとりしているわけで、ビットコインを送ったり受け取ったりする行為自体はふつうに行われています。だから、先ほどの例で、お客のBさんが店主のAさんに支払った代金のビットコインは、その瞬間にAさんのものになっています。ただ、それをブロックチェーンに書き込んでいないというだけです。

Aさんが受け取ったビットコインを日本円に換金するときは、当然、その取引（Aさんから換金してくれる取引所などにビットコインを移動する）はブロックチェーンに記載されます。逆に、AさんとBさんがビットコインのまま保持している限り、ペイメントチャネルを閉じる必要はないということです。

一方、サイドチェーンは、大量の取引を行う取引所同士を結び、期間内のやりとりについては、お互いに送ったものと見なしてそれぞれ処理し、〆日時で精算して差分だけを送り合います。つまり、期間中ビットコインは取引所間を移動することなく、各取引所内で処理しておく（相手の取引所に送金したユーザーのビットコインを自社に移動し、相手の取引所から受け取るはずのビットコインを自社からユーザーに移動する）わけです。

自分たちの取引所内の処理なので、いちいちブロックチェーンに書き込まず、差額を精算したときだけブロックチェーンに書き込みます。それによって、トランザクションの数を大幅に圧縮できるだけでなく、承認待ちの列に並ぶ必要もなくなり、効率的な処理が可能になります。ライトニングネットワークに参加するのは個人が中心で、取り扱う対象も少額の取引がメインなのに対して、サイドチェーンは大口ユーザーである取引所同士をつないでいるところも違います。

ブロックチェーンを迂回することの是非

ビットコインが画期的だったのは、誰でも簡単に「早くて安い」送金ができること。それには、相手がたとえ見ず知らずの他人であってもすぐに送金できる手軽さが必要です。相手の信用を調べてからでなければ送れない、ということになると、審査のための手間とコストがかかり、「早くて安い」送金は実現できないからです。つまり、「トラストレス=信用なし」で送金できることが、ビットコインの魅力の1つでもあったわけです。

サイドチェーンは、一見すると、そうしたビットコインの思想に反しています。取引実績が積み上がり、お互いに信用できる相手（取引所）とだけつながる仕組みだからです。

しかし、原理原則に則って、すべての取引をブロックに書き込むというプリミティブな取り組みを続けている限り、取引量が増大するほどパフォーマンスが下がるスケーラビリティ問題を根本から解決することはできません。

もともとの思想をとるか、効率をとるか。ビットコインがこの先も普及していくためには、そのあたりのバランスをとることが必要かもしれません。

PART 4
04

変動幅が大きすぎる問題の解決策①

ステーブルコイン

「1ドル＝1コイン」の等価交換を実現したテザーやUSDコインをはじめとした「ステーブルコイン」は、法定通貨ドルで資産を持つこととビットコインで資産を持つことのデメリットを解消し、両者のいいところ取りをしたコインとして、大きな注目を集めています。

ビットコインはもともと誰でも気軽に「早くて安い」送金を実現できる仕組みとして誕生しました。しかし、人々に受け入れられ、取引量が増えるほど承認に時間がかかってパフォーマンスが落ちてしまうスケーラビリティ問題をはじめとして、技術的にも、UX（ユーザーエクスペリエンス）的にも、まだ改善の余地がある発展途上のテクノロジーです。

ところが、ビットコインの資産価値にいち早く目をつけた人たちがドッと押し寄せたことによって、大方の人の想像をはるかに超えて、ビットコイン価格が急上昇してしまいました。ビットコインを買っておくだけで何十倍、何百倍にも上がるという事実が知れ渡るにつれて、巨額なマネーが流れ込んできます。それによって、さらに価格が上昇するというスパイラルが生まれ、投機的な側面が強くなってしまったのです。

変動幅を抑えた安定したコインとしての「ステーブルコイン」

そのことが、ビットコインの健全な発展にとっては、マイナスの影響をもたらしてしまうかもしれません。というのも、テクノロジーの進化のスピードよりも先に、期待値のほうがどんどん膨らんでしまったため、ちょっとした問題が起きるたびに、極端に価格が上下するようになってしまったのです。

パート1でビットコインの魅力の1つは、ボラティリティ（変動幅）が大きいことだと述べましたが（58ページ参照）、あまりにも変動幅が大きすぎると、機関投資家が資金を投じたり、企業が参入したりするときのハードルが上がります。長期的に見れば、それは好ましいことではないはずです。

さらに、価格が数時間単位で乱高下するような状況では、ビットコインを送ったり、支払いに充てたりするのもむずかしくなります。こちらは1万円送ったつもりが、承認されたときには8000円の価値しかない、ということでは、怖くて取引に使えないからです。

そこで、「早くて安い」送金ができて、コピーや改ざんはできないというビットコインの長所はそのままに、変動幅を抑えて、価格が安定したコインとして登場したのが、その名も「ステーブルコイン」と呼ばれる仮想通貨です。

ドルにペッグされたテザーとUSDコイン

ステーブルコインは、国の信用に基づいて発行される米ドルなどの法定通貨と「1対

１」の比率で交換できるように設計された仮想通貨の総称です。原則として、いつでも「１ドル＝１コイン」で交換できるので、米ドルに対して価値を固定しているといえます。

現実の世界でも、自国発行の通貨を米ドルと連動させる「ドルペッグ制」を採用している国があります。ペッグ（ペグ）とは、テントを張るときにロープを引っかける杭のことで、ドルと紐づけられていることを意味します。経済力が弱く、自国の通貨に信用がないから、世界中で使える「ドルといつでも交換できる」とうたうことで、自国の通貨を信用してもらおうというわけです。

ステーブルコインも、より多くの人に使ってもらうために、信頼性の高い「ドルといつでも交換できる」とうたっているわけで、ドルにペッグしたコインといえます。ちなみに、ドルに対して価値が固定されているといっても、日本円から見れば、価格はつねに揺れ動きます。しかし、それは円ドル相場が動くからで、その変動幅は、ビットコインと比べれば圧倒的に小さく、許容範囲内といえます。

米ドルに連動したステーブルコインでは２０１５年に「テザー（通貨単位はＵＳＤＴ）」が出てきて大きな人気を集めました。２０１８年には、同じく米ドルに連動した「ＵＳＤコイン（通貨単位はＵＳＤＣ）」が登場して、ユーザーの支持を集めています。

2021年には、日本円に連動した「ジーエン（通貨単位はGYEN）」も登場しました。また、米ドルや日本円のような法定通貨ではなく、金（ゴールド）や原油などの商品価格と連動させたり、別の仮想通貨と連動させたステーブルコインもあります。ただし、本書執筆時点（2021年11月）では、いずれのコインも日本の取引所では取り扱っていません。

誰がテザーを買っているのか？

ところで、いつでも「1ドル＝1コイン」で交換できる、つまり、ドルと同じ価値しかないなら、なぜユーザーはわざわざそのコインを買うのでしょうか。

ビットコインを買う人は、「ビットコインは上がる（はず）」「いま買っておけば儲かる（はず）」と思って買っているのに対して、テザーやUSDコインは、何十ドル、何百ドル分買ったからといって、ドルに対して価値が増えるわけではありません。何十ドル、何百ドル分のUSDTやUSDCを持っているにすぎないのです。

では、どうしてテザーやUSDコインを買うのかといえば、すべての資産をドルの形で持っておくと、維持コストや送金コストがバカにならないからです。ドルを銀行から送ろうと思うと、マネーロンダリング対策もあって、さまざまな承認を得る必要があり、手続きが煩雑で、手数料も高い。だからといって、すべてビットコインで持っておくのは、変動幅が大きすぎて怖いし、使い勝手もいいとはいえない。そこで、その中間的な存在として、ステーブルコインがクローズアップされてきたのです。

ステーブルコインはドルと連動しているので、急激な下落などの心配はなく、ブロックチェーン技術を使っているため、「早くて安い」送金が得意で、多額の資金を動かすのにも好都合です。両者の「いいところ取り」をしたコインなので、使い勝手がいいわけです。

さらに、ビットコインを買って儲かるたびに毎回ドルに換金するのは面倒だし、そのたびに手数料がとられたり、税金がかかったりしてもったいない。だから、一時的にテザーに交換して持っておきたいという人が、一定の割合で存在します。

また、国外の仮想通貨などに投資するときに、ドルで直接買おうとすると、外為法などの規制に引っかかってしまうので、先にテザーを買っておいて、テザーで国外投資をするという使われ方もあるようです。

そうしたニーズがあるので、テザーやＵＳＤコインに人気が集まっているのです。そして、テザーを買っている人たちの多くが、ビットコインやその他の仮想通貨も買っているので、テザー関連のニュースがビットコイン価格にも影響するようになっています。

保有資産の裏付けがあるから「価値」がある

ユーザーが換金したいと思ったときにいつでも「1ドル＝1コイン」で交換するためには、ステーブルコインの発行主体は原則として、発行済みのコインと同額の米ドルを手元に持っておく必要があります。金本位制で、金の保有量を超えて紙幣を発行できないという縛りがあるのと似ています。

つまり、いつでも米ドルと交換できるから、価値が認められているのです。そこが、価値の裏付け（担保）を持たないビットコインとの最大の違いです。また、ビットコインが発行主体を持たない「非中央集権＝分散型」のコインなのに対して、ステーブルコインは発行主体がいることも大きな違いです。

ビットコインは、ビットコイン（とそれを支えるテクノロジー）をみんなが信じているからという、ただそれだけの理由で価値があります（92ページ参照）。しかしそれは、移り気な人間や国家よりもアルゴリズムに信頼を置く技術者にとっては納得度の高い話でも、世間一般の人に同じように「信頼しろ」といっても、なかなか信じてもらえないかもしれません。でも、「このコインはいつでも米ドルと交換可能で、あなたが預けたドルの借用書ＩＯＵ（I Owe You. の略。直訳すると「私はあなたに借りがある」）みたいなものですよ」といわれると、すごくわかりやすい。自分が預けたドルと同額のコインが発行され、換金したいときはいつでも「1ドル＝1コイン」で交換できるなら、預金口座から現金を引き出すのとなんら変わらない、という連想が働くからです。

「テザー疑惑」とは何だったのか？

実際、ドルペッグ型ステーブルコインのテザーは、同じ金額のドルを保有しているから、いつでも「1ドル＝1ＵＳＤＴ」で交換できるとして、たいへんな人気を集めていました。

ところが、テザーを発行するテザー社は、本当に裏付けとなるドルを保有しているのか、という疑惑が持ち上がります。持っているはずのドルを持っていなければ、「テザーはつねに米ドルの裏付けがある」という売り文句は虚偽となり、ユーザーに対する裏切り行為に等しいわけです。

さらに、ややこしいことに、テザー社は顧客からの預かり資産であるドルを、関連企業である取引所のビットフィネックスに不正に融資して、巨額の損失を隠蔽したのではないかという疑いもかけられ、2019年にニューヨークの司法当局に訴追され、大騒ぎになりました。裁判の結果、テザー社とビットフィネックスは1850万ドルの罰金を支払い、ニューヨーク州から撤退することで和解に至りましたが、[3]「持っているはずのドルを持っていないのではないか」という疑惑は、疑惑のまま残ります。

事実、テザー社が公表した2021年3月末時点の保有資産の内訳によると、ドルおよびドル預金の合計はおよそ2割しかなく、5割をコマーシャルペーパーが占めていました。[4]それもあって、この2社は、2021年にも商品先物取引委員会（CFTC）から少なくともある期間、流通するUSDTを裏付けるだけのドルを持っていなかったと認定され、消費者に虚偽の説明をしたとして、4250万ドルの罰金を支払って和解しています。[5]

暴落どころか、かえって流通量が増加したテザー

では、100%の資産の裏付けがないステーブルコインには、本当に価値がないのでし

3 速報 テザー裁判、和解へ https://coinpost.jp/?p=222755
4 「ステーブルコインは破壊者だ」 仮想通貨、規制論強く：日本経済新聞
https://www.nikkei.com/article/DGXZQOGN06FBY0W1A800C2000000

ょうか。そんなことはない、というのが市場が出した答えです。

テザーの流通量（時価総額）は、疑惑が持ち上がってからは、伸び率こそ一時的に落ち込んだことはあったものの、むしろ順調に成長を続けていて、本書執筆時点では、75億ドルを超えています。それだけユーザーの支持を集めているわけです。

では、なぜ保有資産に100％裏付けられていなくても、市場は支持し続けているのでしょうか。

それは、銀行の預金口座を考えるとわかります。私たちが銀行に預けたお金をいつでも引き出せるのは、銀行が同じだけの金額を保有している（と信じている）からです。実際には、銀行はそのお金を別の人に貸し出していて、つねに手元に預金総額と同額の現金を保有しているわけではありません。だから、みんなが一斉に預金を引き出そうとすると、銀行は現金が足りずに破綻の危機に陥ってしまうのです。

しかし、現実には、そうした取り付け騒ぎは、よほどのこと（銀行の経営危機がニュースで報じられるなど）がない限り、起きません。

テザーについても同じことがいえます。一連の騒動で明らかになったように、テザー社は、発行済みのテザーと同額の米ドルをいかなるときも保有していたとはいえないようで

5　テザー社とBitfinexが米CFTCと和解　USDTの裏付け資産や取引所の運営巡り
https://coinpost.jp/?p=285056

図16 テザー（USDT）時価総額の推移

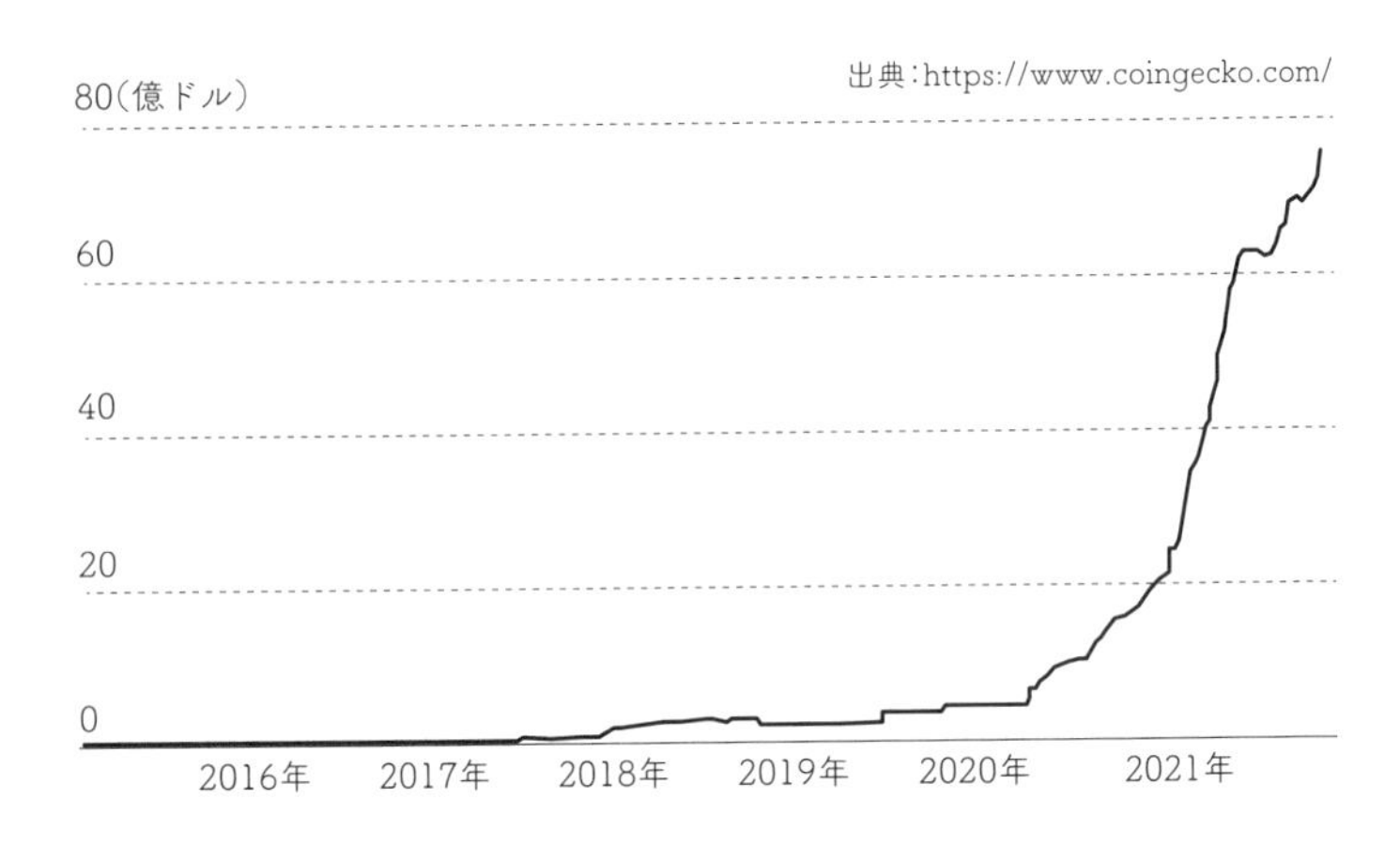

すが、だからといって、「1ドル≒1USDT」で交換できるという約束が反故にされたわけではありません。すべてのユーザーが一斉にドルに換金したいと押し寄せない限り（現実には、そんなことはよほどのことがない限り、起きません）、この約束はきっと守られる。人々がそう信じているからこそ、市場での評価は落ちなかったのです。

テザーの問題点をカバーする後発のUSDコイン

とはいえ、金融当局の監督下にあり、預金保険機構（万が一、銀行が破綻しても、1000万円までの預金は守られるという制度）のようなセーフティネットに守られている銀行とは異なり、なんの制約もない一民間企業に、銀行と同じような機能を持たせていいのか、という疑問は残ります。

そこで、テザーに遅れること3年後の2018年に登場したUSDコインは、後発組のメリットを生かして、さまざまな対策を施しています。

アメリカのサークル社と大手取引所コインベースが組んで発行するUSDコインは、発行済みのコインと同額のドルを持っていないのではという疑いの目を避けるために、第三者である監査法人の監査を受け入れ、保有資産を開示したり、コインベースが当局の免許を取得したりするなど、「ステーブル（安定）な資産」であることを強くアピールしています。[6]

そのかいもあって、USDコインも順調に流通量（時価総額）を増やしていて、いまや35億ドル、テザーの半分に迫る勢いです。

ドルペッグ制は維持できるのか？

先ほど、ドルに紐づけられたステーブルコインは、ドルペッグ制のリアル通貨と同じだと述べました。ドルペッグ制では、「1ドル＝〇コイン（自国通貨の単位）」と決めたら、上

6 USD Coin(USDC)とは？USDTとの違い・特徴・メリット・購入方法を解説！
https://coinotaku.com/posts/106140

図17 USDコイン（USDC）時価総額の推移

下数%の幅でその価値を維持すべく、その国の中央銀行などが自国通貨を売ってドルを買ったり、ドルを売って自国通貨を買ったりして、価格を調整する必要があります。

たとえば、自国通貨の価値が下がったときは、ドルを売って自国通貨を買い支えなくてはなりません。景気が安定しているときは、保有しているドル（外貨準備高）を売って買い支えることができたとしても、景気が悪化して自国通貨が暴落すると、売るためのドルが足りなくなって、やがて買い支えることができなくなります。上下2%の幅でペッグしていたものが、やがて5%になり、10%……になっていくと、もはや変動相場制と変わりません。

歴史を振り返ると、経済が発展途上の国が、自国の信用のなさを補うため、ドルの信用を拝借しドルペッグ制を敷いたものの、紛争や内乱、政治的混乱、景気悪化などを引き金に自国通貨が暴落、変動相場制への移行を余儀なくされたというケースであふれています。通貨危機に乗じて暴落した通貨を売り浴びせ、暴利を得たヘッジファンドもあります。

もともと需要と供給の関係で、つねに変動するはずの為替レートを上下数%の幅に抑え込もうというのですから、どこかに無理が生じます。その矛盾を突いて利益を得ようとするプレイヤーは、いつの世にもいるものです。

ドルペッグ制よりさらにさかのぼると、金本位制に行き当たります。保有する金（ゴールド）以上の紙幣は発行できないという縛りがあると、もっと紙幣を発行したければ、どこかの国から金を奪ってくるしかないわけで、帝国主義的な植民地争奪戦は不可避となってしまう。そう考えると、ドルを100%保有していたからといって、ステーブルコインがこの先もずっと安定しているという保証は、残念ながら、ないといわざるを得ません。

歴史はくり返す。貨幣や金融の歴史をひと通り学んでおく意義は、そこにあります。未来はある程度、予見できるのです。

PART 4
05

変動幅が大きすぎる問題の解決策②

リブラ改め ディエムとCBDC

数十億人のユーザーを抱えるフェイスブックが発表した「リブラ(のちにディエムと改称)」は、法定通貨を裏付けとした巨大なステーブルコイン。あまりの規模感に、国に対する挑戦だと受け止められ反発されますが、CBDC(中央銀行デジタル通貨)推進の原動力となります。

変動幅が大きすぎる問題を解決するために登場したステーブルコイン。「1ドル＝1USDT」の等価交換をうたったテザーが大ブームになり、後発のUSDコインも急激に時価総額（流通量）が増大して、すでに世の中に広く受け入れられた感があります。

これだけの成長市場を、テックジャイアンツが黙って見逃すはずはありません。案の定、ビッグ5の一角、フェイスブック（2021年にメタと改称）が2019年に満を持して発表したのが「リブラ（2020年にディエムと改称）」でした。

数十億人の潜在ユーザーを持つ「リブラ」の脅威

テザーの成功例を見れば、ドルのような法定通貨にペッグしておくだけで、安全で安心なコインとして、市場に受け入れられやすいということがわかります。そこでリブラは、グローバルな決済を実現するステーブルコインの裏付けとして、半分をドル、残りの半分を円、ユーロ、英ポンド、シンガポールドルに分けて持つ通貨バスケット方式を採用すると発表しました。[7]

ドル、円、ユーロなどの主要通貨（およびその短期国債など）にペッグさせることで、価

7　円は14%、リブラ「通貨バスケット」の詳細が明らかに
https://www.coindeskjapan.com/22329/

値が安定した信頼性の高いステーブルコインができる。それだけ見れば、テザーやＵＳＤコインとあまり変わらないと思うかもしれませんが、最大の違いは、その規模感です。

フェイスブック改めメタは、世界でも有数の時価総額を誇る巨大企業です。同社のＳＮＳの月間ユーザー数（ＭＡＵ）は、フェイスブックがおよそ28億人、WhatsAppが20億人、インスタグラムが10億人。多少の重なりはあるとしても、30〜40億人単位のユーザーを抱えた巨大なバーチャル経済圏と見ることもできます。

現実世界では、中国の人口が14億人、インド13億人、アフリカ10億人、東南アジア6・5億人、ＥＵ4・9億人、アメリカ3・3億人です。一方、ビットコインに限らず、仮想通貨全体のユーザー数は全世界で1億人程度と推定されています。[8] そうした数字と比べると、メタが抱える母数がいかに巨大なのか、実感できます。

新たなバーチャル国家、爆誕か？

それだけ巨大なユーザー数を抱えた企業が、使い勝手のいいコインをつくり、ユーザーに直接利用をうながしたら、いったい何が起きるのか。ちょっと想像しただけでも、何か

8　仮想通貨ユーザー、世界で1億人突破＝ケンブリッジ大学調査
https://coinpost.jp/?p=185395

たいへんなことが起きそうだと実感していただけるのではないでしょうか。

そう感じたのは、みなさんだけではありません。国家もまた、もはや自分たちをも凌駕する規模を持つテックジャイアンツが通貨を発行することの意味を真剣に考え、おおいに危惧を抱いたのです。

ステーブルコインはもともと、ドルを裏付けとした「ＩＯＵ（借用書）」のようなものでした。価値の源泉はドルそのもの、つまりアメリカという超大国に対する信用です。アメリカ経済が大丈夫ならドルも大丈夫、ならばテザーも大丈夫（発行しているテザー社はそれほど信用できなくても）という理屈です。

ところが、メタのような巨大企業が背後にいる場合、こうした意識はいずれ変わってくるのではないでしょうか。リブラ改めディエムが登場したてのときは、ドルや円、ユーロの裏付けがあるから大丈夫、ということで利用が広がるかもしれませんが、ディエムが軌道に乗ってくると、おそらく、バックにメタがついているから大丈夫、と考える人が増えるはずです。

つまり、ＦＲＢ（アメリカ連邦準備制度理事会）が発行するドルだから大丈夫、日本銀行が発行する円だから大丈夫、というのと同じように、テックジャイアンツが発行するコインだから大丈夫（実際には、後述するように「ディエム協会」という非営利団体が発行・管理する建て付けになっています）と人々は認識するようになるのです。

そうなると、そのコインはもはや「IOU（借用書）」ですらなく、テックジャイアンツが自らの信用をもとに発行する「通貨」にほかなりません。裏付けとして持っていたはずのドルや円（およびその短期国債）は、「ドルとディエム」「円とディエム」の為替相場を安定させるための外貨準備高という位置づけです。

もしかすると、それは、国家が独占してきた通貨発行権を手にした新たな「バーチャル国家」の誕生を意味するのかもしれません。

各国の反発を受けて「ディエム」に改称

ステーブルコインを発行するのが規模の小さなスタートアップだったときは、そうした心配はありませんでした。しかし、数十億人のユーザーがいるメタが出てくるとなると、受け取り方はまったく異なります。テックジャイアンツと既存の国家のどちらが信用できるか、という政治的にかなりきわどい話になりかねないからです。

折しも、フェイスブック(当時)は2016年のアメリカ大統領選挙への不当な関与を疑われ、ヘイトスピーチ、フェイクニュースへの対応の甘さを指摘されて、議会の公聴会に呼び出されたザッカーバーグCEOが共和党・民主党双方の議員から激しく追及される状況に陥っていました。

EUでは、2018年に個人情報保護を明確に打ち出した「GDPR(一般データ保護規則)」が施行され、SNSで収集した個人情報を利用して、その人に合わせたターゲティング広告を打つという、同社のビジネスモデルそのものに疑問符が付されました。さらに、グローバル展開するテックジャイアンツが税金の安い国に拠点を置くことで、実際にサービスを展開している国で税金逃れをするのはけしからんということで、各国による包囲網が強まっています。

こうしたさまざまな逆風もあって、フェイスブック(当時)は当初、リブラ(当時)を発行・管理するのは、スイス・ジュネーブに拠点を置く「リブラ協会」という非営利団体であり、フェイスブックはその一会員にすぎないと表明しました。しかし、それだけでは各国の懸念を払拭することはできず、発足当初に参加を表明していたVISAやマスターカード、ペイパル、イーベイ、ストライプなどの決済関連企業も次々と脱落して[9]、なかなかリブラを発行することはできませんでした。

それもあって、リブラはディエムと名前を変え、通貨バスケット方式も撤回して、ドルや円などの法定通貨を担保にした通常のステーブルコインの発行を目指すとしています。[10]

国家に対する挑戦と受け取られた

最後発のリブラ（ディエム）は、ビットコインのさまざまな課題や、持っているはずのドルを持っていなかったテザーの問題などを全部見てきて、それらの学びの最終形として計画されました。だから、監査法人による監査も受け入れ、保有資産の状況を開示したり、発行主体も一企業ではなく、スポティファイ（音楽サブスクリプション）、ウーバー（ライドシェア）、ショッピファイ（eコマース）、アンドリーセン・ホロウィッツ（ベンチャーキャピタル）など、利害関係者を多数集めた非営利団体を立ち上げて、客観性や公平性を担保したりして、隙のないプロジェクトで船出しようと目論んでいました。

フェイスブックの開発力と資金力をもってすれば、技術的には、リブラは十分実現可能だったはずです。しかし、国や、各国の中央銀行の人たちからすると、それは、自分たち

9　FB「リブラ」に大打撃、ビザやマスターカードも離脱を表明
https://ascii.jp/elem/000/001/956/1956473/
10　仮想通貨リブラ（ディエム）とは｜初心者でもわかる特徴を解説
https://coinpost.jp/?p=207636

の既得権益に対する挑戦に見えてしまった。それが不幸の始まりでした。

いくらフェイスブックが、リブラは既存の金融システムを破壊するものではなく、銀行口座を持たない発展途上国の人たちに新たな選択肢を与えるためのものだと訴えても、それが普及すれば、国家のコントロールが効かない巨大な経済圏が誕生するのは、火を見るよりも明らかです。リブラの行く手を阻んだのは、技術ではなく、政治だったのです。

黒船襲来で「CBDC（中央銀行デジタル通貨）」が本格化？

では、リブラ（ディエム）はただ反発を生んだだけで終わってしまうのでしょうか。最終的にどのような形になるか、現時点で予測はできませんが、リブラが世界に与えた衝撃には、大きな意味があったと個人的には思っています。

まず、リブラという黒船が襲来したことで、各国の政府・中央銀行がようやく重い腰を上げ、「CBDC（Central Bank Digital Currency：中央銀行デジタル通貨）」実現の機運が高まってきたことがあげられます。

古くなった金融システムの刷新は、各国が等しく抱える大問題です。

現金取引は維持コストも輸送コストもかかるので、とにかくデジタル化を推進したい。しかし、たとえば日銀ネット（日銀と市中銀行を結ぶネットワーク）の切り替えがうまくいかず、万が一にもシステムがストップしようものなら、経済活動そのものが停止して大打撃を受けかねません。みずほ銀行の度重なるシステム障害を見ればわかるように、レガシーシステムの更新はものすごく負荷のかかるたいへんな作業です。だから、できれば後回しにしたい、もっと時間をかけて慎重に進めたい、というのが本音でした。

ところが、リブラが登場したことで、そうもいってはいられなくなりました。このままでは、一民間企業にしてやられるかもしれない。彼らにまかせるくらいなら、中央銀行が自ら「デジタルドル」や「デジタル円」を発行すべきではないか。リブラの登場をきっかけに、各国の中央銀行では、そのための研究が本格化しつつあります。

「デジタル人民元」への対抗馬

もう1つは、まもなく登場するとウワサされる「デジタル人民元」への対抗馬をどうするか、という視点があげられます。

習近平体制の中国は、国内のテック企業への締め付けを強化してきており、2021年には仮想通貨市場からも完全に撤退しました（207ページ参照）。自分たちのコントロール下におけないビットコインは全面的に禁止する一方で、アリババやテンセントなどが開発したシステムを半ば強制的に手に入れるだけの権力を持つ中国共産党は、早期に人民元のデジタル化に踏み切るものと見られています。

同時に、「一帯一路」政策で周辺国への影響力を強めつつある中国が、人民元のパワーを拡大しようと目論んでいることは、よく知られるところです。そうなると、基軸通貨ドルを持つことで世界中に影響力を及ぼしてきたアメリカの国益と、真正面からぶつかることになり、両国の緊張は高まります。

中国は人民元の利権を拡大したい。アメリカは強いドルを維持したい。中国が人民元をデジタル化して、利便性を高めるなら、当然、アメリカとしても対抗策を打ち出してくるでしょう。

そのとき、自力でゼロから開発するか、それとも、すでにあるディエムのようなコインを手っ取り早く採用するか。フェイスブック（当時）もそういうスタンスで交渉していたようです。自分たちがやらなくても、中国は間違いなく実現してくる。先に市場を握られてもいいのですか。中国に負けるくらいなら、私たちにまかせたほうがいいのでは、というわけです。

そうした交渉が実るかどうかは、現時点ではわかりません。アメリカが独自にCBDCをつくって、中国に対抗するか。それとも、ディエム的なコインを取り込んで、中国に対抗するか。いずれにしても、米中によるデジタル通貨の覇権をめぐる綱引きは、当分続きそうです。

デジタル通貨の世界は、米中の二極化に落ち着くのか。それとも「デジタルドル」「デジタル人民元」に加えて、テックジャイアンツが第三極をつくるのか。さらには、どの国にも、どの企業にも属さないビットコインが第四極になる未来もありそうです。

三つ巴、四つ巴の戦いがどんな未来を描き出すのか。そういう視点で仮想通貨やブロックチェーンの日々のニュースを追っていくと、いろいろなことが見えてくるはずです。

日本でも民間主導のデジタル通貨が実用化に向けて動き出す

一方、日本国内に目を転じると、日銀主導のCBDCに先行する形で、民間主導のデジタル通貨が実用化に向けて動き出しています。3メガバンクやNTTグループ、JR東日本など、74の企業が参画した「デジタル通貨フォーラム」は、2022年後半にも、円建てのデジタル通貨「DCJPY（仮）」の実用化を目指すとされています。[11]

DCJPYは銀行預金を裏付けとして民間銀行によって発行され、ユーザーはデジタル通貨専用口座（アカウント）にそのコインを入れておきます。専用口座間の送金・決済は、24時間365日、いつでも即時決済が可能となるため、企業間送金や大口決済などを中心に、手間やコストが大幅に圧縮され、効率化されると期待されています。[12]

今後は、日本の産業界の取り組みからも目が離せません。

11 デジタル通貨で企業決済、74社参加　取引数秒・低コスト：日本経済新聞
https://www.nikkei.com/article/DGXZQOUB233Z40T21C21A1000000
12 民間企業のデジタル通貨「DCJPY」、ホワイトペーパーを公開
https://www.coindeskjapan.com/130802/

PART 4
06

銀行のレガシーシステムを更新する［リップル］

「早くて安い」国際送金を可能にするリップルは、コスト面や電力消費面でもきわめて優秀な即時決済システムで、時代遅れの銀行システムのアップデートを目指しています。XRPは異なる通貨間の橋渡し役となるブリッジ通貨で、価格はリップル社のコントロール下にあります。

ここまで見てきた仮想通貨は、ビットコインにしても、その上に築かれるレイヤー2（ライトニングネットワーク）にしても、ステーブルコインにしても、一般のユーザーが売買することを前提として設計されています。

ところが、それとはまったく異なるアプローチで、専用のブロックチェーン＝分散型台帳技術（XRPレジャーと呼ばれる。「レジャー」は「台帳」を指す）を開発して、新たなコインをつくろうという人たちが現れます。それがリップルで、彼らのターゲットはずばり銀行同士をつなぐネットワークシステムです。金融が未発達で、多くの国民が銀行口座を持たないような途上国における銀行システムを構築したり、古くなった国際送金システムのSWIFT（123ページ参照）を補完し、アップデートすることを狙っています。

プライベートネットワークで集中管理する「リップル」

これまで何度も述べてきたように、ブロックチェーンは、もともと「早くて安い」送金システムを得意としています。しかし、同じ送金でも、B2C（対顧客）市場と、B2B（対企業）市場では、おのずから求められるものが異なります。

一般ユーザーに使ってもらうことが前提のＢ２Ｃ市場には、パブリックに開かれた分散型のビットコインをはじめとしたコインがふさわしかったのですが、一般ユーザーの目には触れない銀行間ネットワークのようなＢ２Ｂ市場では、むしろ最初から外部とは切り離されたプライベートなネットワークで集中管理できるコインのほうが、何かと都合がいいわけです。

リップルが実現しようとしているのは、そうしたプライベートで中央集権的な、堅牢なシステムです。そのシステム上で、異なる通貨間の交換を取り持つ「ブリッジ通貨」の役割を果たすのが、リップル上のコインである「ＸＲＰ（通貨単位もＸＲＰ）」というわけです。

つまり、ＸＲＰは、銀行間ネットワークを裏で支える縁の下の力持ちという位置づけなのです。だから、それ自体が投資対象であるビットコインやその他のアルトコインと同列に語ることには、違和感があります。「資産」というよりも、ネットワークを円滑にするための「潤滑油」であり、現金と現金の間をつなげる「デジタル通貨」にすぎないからです。

ビットコインの課題を全部クリアした「XRPレジャー」

リップルを支える専用のブロックチェーン技術「XRPレジャー」は、ビットコインが抱えていたさまざまな課題の解決を目指して開発されました。

ビットコインが決済に時間がかかるのも、承認のために莫大な電力を消費するのも、元をたどれば、マイニングとそれを支えるプルーフ・オブ・ワーク（137ページ参照）の非効率性に行き着きます。そこでXRPレジャーでは、最初からプルーフ・オブ・ワークを行わず、独自のコンセンサスアルゴリズムを採用しているのです。それによって、

①送金にかかる時間は3〜4秒（ビットコインは10分以上。1時間かかることも）
②1秒あたり1500件以上処理できる（ビットコインはわずか数件。237ページ参照）
③1件あたりの消費電力はビットコインの12万分の1（ビットコインは1000kWh）
④1件あたりのコストは0・004ドル[13]

13 金融と流通に革命を起こす「リップル効果」
https://forbesjapan.com/articles/detail/43147

という、きわめて効率的で低コストな即時決済システムが構築できたわけです。

インターネットによって、情報が瞬時に、ほとんど無視できるくらいの低コストで、世界中を行き来できるようになったのと同じように、リップルの登場で、お金も瞬時に、きわめて低コストで移動させることができるようになったのです。

とくに、フィリピン・ペソやタイ・バーツ、南アフリカ・ランドなど、マイナーな通貨を国際送金でやりとりするときに、リップルは威力を発揮します。従来の仕組みと比べて、手間も時間もコストもはるかに「簡単に」「早く」「安く」送ることができるからです。

投資家はXRPに何を期待しているのか?

それだけ優れたシステムなので、リップルに対する期待は大きく、銀行や国際送金業務を担当する企業による採用が増えています。しかし、XRPの価格は必ずしも順調に上がってきたとはいえません。

図18 リップル（XRP）価格の推移

ある意味それは当然で、XRPは値上がりを期待して買う「資産」というよりも、システムの裏側で使われてこそ意味があるコインだからです。リップルが提供するのは、銀行向けの各種のソリューションであって、システム内で流通する固有のデジタル通貨がXRPという位置づけなのです。

では逆に、なぜ一般の投資家はXRPを売買しているのでしょうか。

もちろん、XRPが値上がりすればそれに越したことはないはずですが、それよりもむしろ、銀行向けソリューションを提供するリップルという会社の成長に期待して買っている、という側面が強いのかもしれません。たしかに、リップル社の開発力は魅力で、SW

IFTに代わる国際送金という事業領域も成長性を感じさせるからです。

しかし、ここで、こんな疑問が浮かぶ人がいるかもしれません。会社に対する投資なら、それは「通貨」ではなく「株」ではないか、と。いいかえると、リップル社はXRPを発行することで資金調達をしたのではないか、ということです。

ブロックチェーンを使った資金調達はICO（Initial Coin Offering）と呼ばれ、2017年ころに大ブームになりました。くわしい経緯についてはパート5で解説しますが（318ページ参照）、ICOバブルが弾けたあとにルールが整備され、資金調達のために新規公開されるトークンは「有価証券（＝株）に当たる」ということになったのです。

そのため、リップル社が発行するXRPは、実質的にICOと同じではないか、と当局に疑いの目を向けられ、2020年末にSEC（証券取引委員会）から提訴されました。[14]

＞＞XRPはすべてのコインが発行済み

発行主体を持たないビットコインは、マイニングの報酬として新規のビットコインをその都度発行する仕組みになっています（141ページ参照）。そのため、ビットコインを発

14 米SECがリップル社を提訴。裁判の状況がリップル（XRP）相場に与える影響とは？
https://hedge.guide/feature/sec-charges-ripple-bc202104.html

行する会社が、それによって資金を得るような形にはなっていないのです（だから、ビットコインは「株」とは明らかに違うわけです）。

ところが、マイニングを行わないリップルでは、発行数の上限が1000億XRPとあらかじめ決まっていて、2005年にはすべて発行済みになっています。[15] 発行済みのXRPの保有アカウントはおよそ370万（2021年11月現在）[16]。上位100アカウントが総発行数の65％近くを保有し、リップル社とその創業者らもリストの上位に入っています。

彼ら大口保有者が一定の割合でXRPを市場に出すことで、価格をコントロールしているのです。XRP価格が比較的安定しているのは、そのためです。価格が短期間で大きく変動してしまうと、ブリッジ通貨としての役割を果たせないからです。

こうして見ると、たしかにXRPはビットコインとはかなり違う印象です。だからといって、はたしてそれが「株」に近いといえるのか。司法がどういう判断を下すのか、裁判のゆくえに注目です。

15 リップル(XRP)とは？特徴・仕組み・歴史
https://www.bitpoint.co.jp/column/tips13/
16 XRP Stats https://ledger.exposed/rich-stats#range

PART 4
07

ビットコインはいつまでトップでいられるか?

ビットコインが時価総額ナンバーワンの地位を維持できるのは、売り手が買い手を呼び、買い手が売り手を呼ぶ「ネットワーク効果」が強力なバリアとなって、ほかのアルトコインを寄せ付けないからです。アルトコイン同士をつなぐ「基軸通貨」の役割も果たしています。

パート4の冒頭で、ビットコインが抱えるさまざまな課題を、それぞれのやり方で解決してきたのが仮想通貨（暗号資産）の歴史だと述べましたが、ここまで読んできたみなさんには、そのことがご理解いただけたのではないかと思います。

技術的な面だけみれば、たしかに後発のリップルやステーブルコイン、その他のアルトコインのほうが洗練されているかもしれません。しかし、数ある仮想通貨（暗号資産）の中で、ビットコインがナンバーワンの地位を保ってきたのには、何か理由があるはずです。

ビットコインは仮想通貨界の「基軸通貨」

ほかのコインに先駆けて普及したビットコインは、知名度が抜群で、「仮想通貨＝ビットコイン」と思っている人もたくさんいます。ビットコインは流通量も多く、どの取引所でも取り扱われていて、いちばん目立つところに表示されるので、初心者にとっても買いやすいはずです。

ビットコインは、それ以外のアルトコインを買うときの入り口にもなっています。マイナーなコインはどこでも買えるわけではないので、外国の取引所しか扱っていないコインだと、円では直接買えないケースもあります。その場合、まずビットコインを買ってから、そのビットコインで別のコインを買うという買い方が一般的です。

つまり、ビットコインはリアルな外国為替市場における「米ドル」のポジション、アルトコイン同士をつなぐ「基軸通貨」となっているわけです。

デジタルの世界は「勝者総取り（Winner takes all.）」の法則が働いて、シェアトップのサービスしか生き残れないとされてきましたが、仮想通貨（暗号資産）については、さまざまな特徴を持ったアルトコインが、それぞれのニーズをつかまえて、横並びで生き残ることになりそうです。そうなると、アルトコイン同士をつなぐビットコインの存在価値は、当面は衰えることはないともいえそうです。

強力な「ネットワーク効果」で守られたビットコイン

そうしたことが積み重なり、仮想通貨（暗号資産）投資をしている人の中で、ビットコインを持っていないという人は、ほとんどいないのではないでしょうか。それだけ多くの人が持っていると、ほかのコインにはない強力なバリアが働きます。それが「ネットワーク効果」で、ビットコインがいまだに時価総額ナンバーワンの地位を占めているのは、そのバリアによって守られているからです。

市場に参加している人が多ければ、それだけ流動性が高くなります。売りたいときに売れ、買いたいときに買えるのは、大勢の人が取引に参加しているからです。売り手が多ければ、買いたい人も集まってきて、買い手が多ければ、売りたい人も集まってくる。それが「ネットワーク効果」で、いったんこのサイクルが回り出すと、ライバルがその地位を奪うのは簡単ではありません。

別の言い方をすると、ビットコインの時価総額が1兆2000億ドルあるということは、現金や国債、投資信託に比べてリスクが高い（ボラティリティが高い）暗号資産のリスクをとれる資金が1兆2000億ドルもあるということです。

しかし、最も普及しているビットコインと比べれば、どのアルトコインも流動性が低いのは当たり前で、なかには海のものとも山のものともわからないコインも混ざっています。そうなると、1兆2000億ドルのうち、当たるも八卦当たらぬも八卦のハイリスクな投資先に振り向けられるお金がどれだけあるか、ということになります。

「クジラ」たちの動向に注目

ビットコインの大口保有者は俗に「クジラ」と呼ばれていて、上位1000アカウントで全体の4割を持っているとされています。[17] 1兆2000億ドルの4割ということは、およそ5000億ドル。これだけ巨額の資産を持つ「クジラ」たちが、ビットコインが順調に伸びているときに、わざわざ新しいコインに乗り換える可能性は低いのではないかと考えられます。

というのも、それだけ資金があれば、その資金力をバックに、ビットコインそのものを改善するように働きかけたほうが、リターンを得やすいと考えられるからです。新たにリスクをとってアルトコインを買うとしても、おそらく、ビットコインはビットコインのまま持っておいて、ビットコインが値上がりすることで生まれた余剰資金を、ほかのリスクの高いアルトコインに振り向ける、という買い方が一般的ではないでしょうか。

一方、「クジラ」ではない一般の投資家が、ビットコインよりもアルトコインのほうを好んで買うかというと、人気のあるビットコインのほうが安心だし、いまのところ、十分

17 ビットコインの「クジラ」って何？…暗号通貨の価格に大きな影響を与える存在｜BUSINESS INSIDER
https://www.businessinsider.jp/post-228507

すぎるリターンを生んでいるので、どうしてもビットコインのほうに流れていきます。このループは、なかなか抜け出せないのではないでしょうか。

ビットコインを超えるライバルはいるのか？

「ネットワーク効果」はそれだけ強力だということですが、それ以外の未来がないわけではありません。

たとえば、ビットコインの開発が民主的な運営によって滞り、どうしようもないほど処理速度が遅くなってしまったら、より使い勝手のいいステーブルコインなどに、資金が流出していくというシナリオが考えられます。

あるいは、巨額の資金力を誇る大企業やファンドが、自らアルトコインを開発したり、すでにあるアルトコインを数百億～数千億ドルで買収したりすれば、仮想通貨（暗号資産）市場に滞留するお金の流れが大きく変わるかもしれません。ただし、それが「民主的な通貨」と呼べるかどうかはわかりませんが。

そういうわけで、ビットコインを超えるものが出てくるという未来は、経済合理性の面からも、考えにくいというのが正直なところです。

しかし今後、そうしたシナリオが書き換えられるときが訪れるかもしれません。最後のパート5では、急成長を続けるビットコインの最大のライバルについて説明しましょう。

PART

イーサリアムが切り開く未来

PART 5
01

ビットコインの最大のライバル、イーサリアムとは？

ビットコインに次ぐ時価総額を誇るイーサリアム（ETH）は、契約をプログラム化して自動で実行する「スマートコントラクト」を実現するプラットフォーム。新しい機能を提供するさまざまなアプリケーションの土台となることで、人気を集めています。

暗号資産（仮想通貨）の時価総額ランキングで、長らくビットコインに次ぐ第2位の座を占めてきたのは、イーサリアム（通貨単位はＥＴＨ）です。２０２１年11月時点の時価総額は５０００億ドルを超えています。暗号資産（仮想通貨）全体の時価総額は３兆ドルを突破しましたが、[1]第1位のビットコインと第2位のイーサリアムだけで、そのうちの半分以上を占めていることになります。

ビットコインとは異なる「イーサリアム生態系」

パート4では、ビットコインが持つさまざまな課題をそれぞれのやり方で解決しながら新しいコインやテクノロジーが進化してきた様子を見てきましたが、そこで第2位のイーサリアムを取り上げなかったのには理由があります。イーサリアムはビットコインと同じブロックチェーン技術をベースにしながらも、ビットコインとは異なる生態系を築いてきたからです。

そして、ここ数年、暗号資産界隈で注目を集め、大ブームになった自律分散型投資ファンド「ＤＡＯ（ダオ）」（02で解説。３００ページ参照）や、分散型金融「ＤｅＦｉ（ディーファイ）」（03で解説。３１８

1　暗号資産市場の時価総額、３兆ドルを突破－昨年末比で約４倍に膨らむ
https://www.bloomberg.co.jp/news/articles/2021-11-08/R29PMPT1UM0Y01

図19 暗号資産（仮想通貨）時価総額ランキング（2021年11月）

	通貨	単位	時価総額
1	ビットコイン	BTC	1兆1341億ドル
2	イーサリアム	ETH	5074億ドル
3	バイナンスコイン	BNB	970億ドル
4	テザー	USDT	749億ドル
5	ソラナ	SOL	651億ドル
6	エイダ	ADA	601億ドル
7	リップル	XRP	526億ドル
8	ポルカドット	DOT	438億ドル
9	USDコイン	USDC	346億ドル
10	ドージコイン	DOGE	311億ドル

図20 イーサリアム（ETH）の時価総額の推移

ページ参照)、資金調達手段としての「ICO」や「IEO」(04で解説。318ページ参照)、非代替性トークン「NFT」(05で解説。332ページ参照)といった新種のテクノロジーは、ほとんどイーサリアムの生態系の中で起きた出来事なのです。

そこでこのパートでは、イーサリアムとは何か、から始めて、イーサリアムの生態系から生まれた、さまざまなテクノロジーを見ていきます。そこでは、暗号資産の「通貨」という枠組みにはとどまらない、多様な世界が展開されていることがわかるはずです。

契約を自動で実行する「スマートコントラクト」

ビットコインは、過去のすべてのトランザクション(取引)が記載された「分散型台帳」でした(128ページ参照)。チェーン状に連なったブロックに書き込まれるのは、「誰から誰に○BTC移動した」という「取引」の記録だけです。

イーサリアムも、同じブロックチェーン技術を使った「分散型台帳」ですが、ビットコインと違うのは、「取引」の記録だけでなく、「契約」の内容もプログラムとして書き込まれるという点です。

ここで「契約」とは何か、あらためて考えてみましょう。契約とは、何かを売買したり、交換したり、譲渡したり、貸し借りしたり、あるいは、仕事を発注したり請け負ったり、人を雇ったり雇われたりするときに当事者間で交わされる約束で、お互いに合意すれば、法律上の権利・義務が発生します。

契約書には、「これこれの条件を満たしたときは、いくら支払う。約束が守られなかったときは、これこれの対応をする」といった内容が細かく記載されています。

イーサリアムでは、これらの内容がプログラムとして書き込まれ、決められた条件が満たされたときは、価値の移転や支払いなどが自動で実行されます。約束が守られなかったときも、あらかじめ決められた内容が自動で実行されます。いちいち人手を介さず、自動で実行されるスマートな契約だから、「スマートコントラクト」と呼ばれています。

人が介在しないから安心・スピーディ・低コスト

スマートコントラクトはいわば、契約を自動で実行するようにしたプログラムなのですが、それのどこがすごいのでしょうか。

たとえば、保険の契約で、すべての要件を満たしたときは保険金がいくら支払われ、要件Aのときはいくらで、Bのときはいくらか、満期のときはいくら払い戻されるか、といったことがあらかじめ決まっている場合、そのプロセス全体をプログラム化しておければ、わざわざ人の手を介さなくても、すべて自動で実行できるはずです。

スマートコントラクトでは、プログラムで決められた通りに実行するだけなので、あいだに入った人間が「要件を満たしているかどうかを審査する」こともなければ（そこに不正が入り込む余地があります）、間違った金額を支払ってしまうようなミスもありません。また、ブロックチェーンは、中身を改ざんすることはできないため（158ページ参照）、契約内容をあとから勝手に変更したり、不正受給をしたりすることもできません。

取引記録がすべてブロックに記載され、オープンになっているため、透明性が高いことも大きなメリットです。その気になれば誰でもチェックできるので、ふつうの保険契約のように、保険会社の中でどんな審査が行われているか、そこに恣意的な判断が入り込んでいないか、気にする必要すらないのです。

さらに、保険契約がプログラムですべて実行可能なら、あいだに入る代理店や審査担当、経理、銀行などの仲介者は不要になります。もちろん、紙の契約書は不要なので、ハンコもいらなければ、紙の書類をやりとりしたり保管したりする事務コストもかかりません。それによって大幅なコスト削減が期待できるため、従来では考えられないような、低価格の保険が売りに出されるかもしれません。

つまり、「スマートコントラクト＝プログラムによる契約の自動化」は、それまで大勢の人が携わることで成立していたさまざまな取引を、アルゴリズムに置き換え、すべて自動で行うことによって、従来の産業構造を根底から覆す「破壊的なイノベーション」を生み出す可能性があるのです。

分散型アプリケーションのためのプラットフォーム

しかし、イーサリアムがこれだけ世の中に受け入れられているのは、それだけが理由なわけではありません。むしろ、イーサリアムが真に優れているのは、このスマートコントラクトを実装したアプリケーションを誰でも設計・開発できるようにしたことです。

つまり、イーサリアムは「分散型アプリケーション」のためのプラットフォームという位置づけで、イーサリアム上でさまざまなアプリを展開できるようにしたところが画期的

図21 イーサリアムの生態系

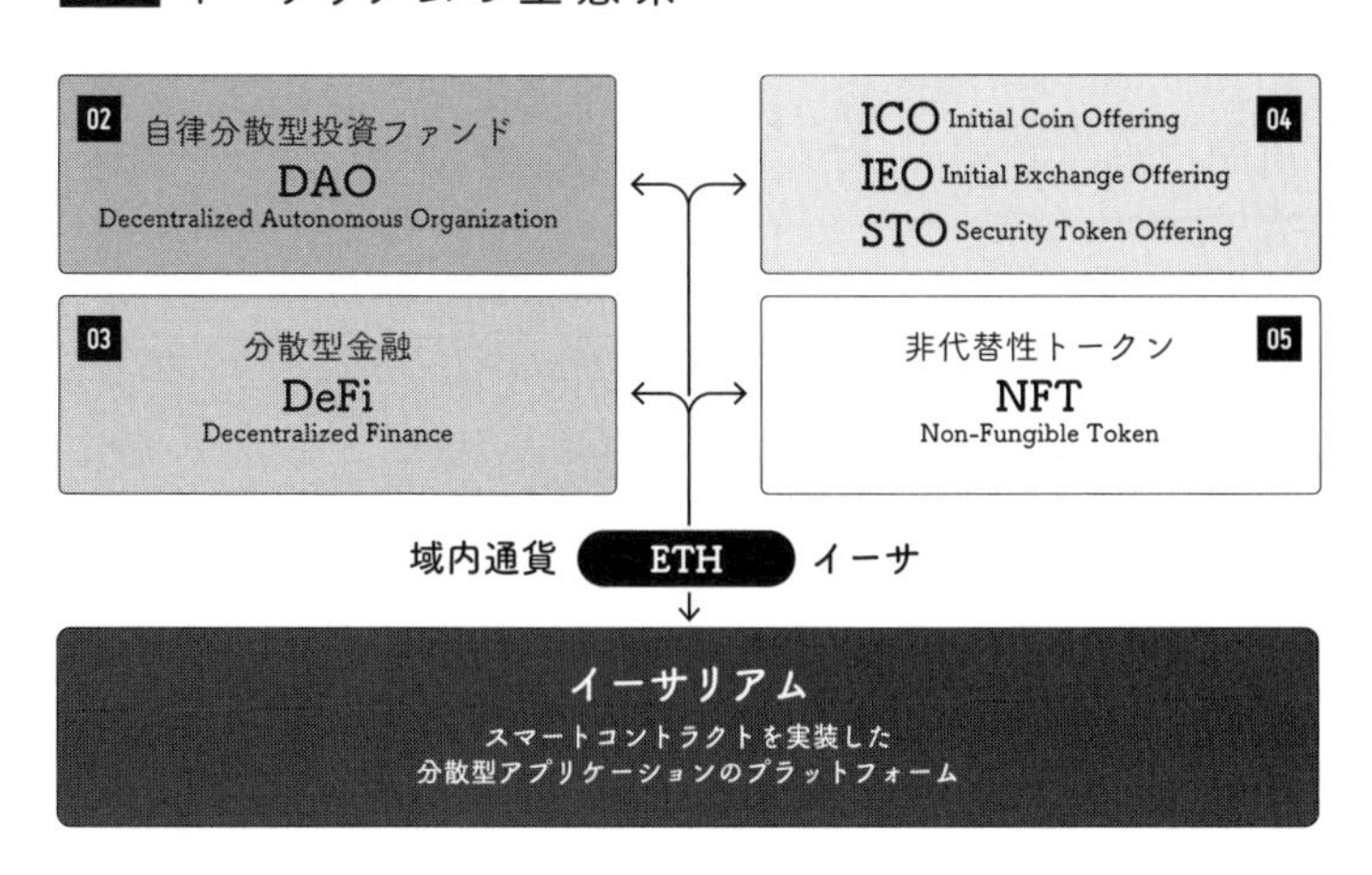

だったのです。

エンジニアにしてみれば、スマートコントラクトの理念に共感しても、毎回ゼロから開発するのはたいへんです。しかし、イーサリアムという共通のプラットフォームがあれば、その上に搭載するアプリの機能を磨くことだけに注力できます。だからこそ、イーサリアムの生態系に魅力的なアプリが続々と誕生することになったのです。

たとえていえば、イーサリアムがスマホアプリに対する「iOS」や「アンドロイドOS」のような存在だとすると、イーサリアム内で通用する通貨イーサ（ETH）は、「App Store」や「Google Play」内で通用するコインという位置づけです。

こうして、イーサリアム（とその通貨イーサ）は、単なる「通貨」という枠組みを大きく超えて、さまざまなアプリが搭載されたプラットフォームとなったのです。

イーサ（ETH）を買う人はどんな人か

イーサリアムのプラットフォーム上のさまざまなアプリケーションを開発・提供する事業者は、独自の「トークン」を発行できます。

トークンというのは、ビットコインやイーサリアムなど、既存のブロックチェーン上に築かれるアプリケーション上でやりとりされるコインのことで、それ自体のブロックチェーン（分散型台帳）は持ちません。

そのため、各アプリのトークンを買うには、まず、イーサリアム・プラットフォーム内の共通通貨であるイーサ（ETH）を買い、そのイーサで各アプリのトークンを買う必要があります。

プラットフォーム上でさまざまなプロジェクトが立ち上がり、そのアプリが人気になって、トークンを買いたいという人が増えれば、それだけイーサを買いたいという人も増えるという関係です。そのため、新たなアプリがブームになるたびに、イーサの価格も順調に上がってきました。

そして、いまやビットコインの地位を脅かすところまで迫ってきたというわけです。

PART 5
02

自律分散型投資ファンドDAOとは？

新しいタイプの投資ファンドとして注目を集めた自律分散型投資ファンドのDAOですが、ハッキングによって脆弱性が明らかになります。その結果、ハッキング以前の取引を無効とした「イーサリアム（ETH）」と、有効とする「イーサリアムクラシック（ETC）」に分裂します。

イーサリアムはスマートコントラクトを実現するためのプラットフォームにすぎないので、イーサリアムを利用したさまざまなアプリケーションが開発され、新たなサービスが続々と立ち上がりました。なかでも、最も初期に注目を集めたのは、自律分散型組織による投資ファンドとして、2016年に颯爽（さっそう）と登場した「DAO（ダオ）」でした。

投資の民主化で人気を集めたDAO

DAOはもともと「Decentralized Autonomous Organization」の略で「自律分散型組織」を意味します。これは組織の長がトップダウンで方針を定める中央集権型の組織ではなく、それぞれ自律・自立した個人が集まって意思決定をする、インターネットの集合知をすくい上げるような新しいタイプの組織を表します。

この自律分散型組織の考え方を投資の世界に取り込んだのが、投資ファンドとしてのDAOでした。

従来の投資ファンドでは、ファンドマネジャーがポートフォリオに組み込む銘柄を選んで運用します。そのマネジャーの運用能力に対して投資するのが、それまでのファンドの常識でした。

そのため、運用実績の高いファンドマネジャーは「超」がつくほどの高給取りになる一方、ファンドに出資するためのハードルもきわめて高く、とても一般の投資家には手が出せないような金額になっていました。ある意味、富裕層だけを相手にした商売だったわけです。

ところが、自律分散型投資ファンドのＤＡＯでは、投資先の選定は投資家全員の投票で決まります。プロの「目利き」の力に依存することなく、参加者全員の集合知によって、投資先を決定するのです。

未公開のスタートアップの成長に投資するベンチャーキャピタルの機能と、小口の出資者を広く募って資金調達するクラウドファンディングの機能を併せ持ち、資金の移動を専用のＤＡＯトークンで行う仕組みです。

ＤＡＯトークンを手に入れるには、イーサ（ＥＴＨ）を買う必要があり、レートは「１ＥＴＨ＝１００ＤＡＯ」で固定されていました。米ドルや日本円ではなく「イーサ」を使うのは、送金コストを下げるためです。

発表直後から話題を集め、ＩＣＯ（新通貨の予約発行による資金調達。318ページ参照）で

50万ドルの募集に対して1・6億ドルの出資が集まったＤＡＯの影響で、イーサの価格も急上昇しました。

ベンチャー投資は予測できない

もともと株式公開前のスタートアップに対する投資は、当たるも八卦当たらぬも八卦という面が強く、どの会社が本当に伸びるか、専門家でも正確な予測は困難です。

そのため、創業間もないスタートアップに投資して起業家を支援するアクセラレーターとして知られる「Ｙコンビネーター」では、ある程度セレクションした後は一律2万ドル前後の少額を出資して競わせ、わずか1社か2社の大成功に賭ける投資モデルを採用しています。オンラインストレージの「ドロップボックス（Dropbox）」や、民泊マッチングサービスの「エアビーアンドビー（Airbnb）」のように、数年に一度、投資先が大化けすれば、それだけですべての投資を回収できるからです。

ＤＡＯも、どうせ成功確率はわからないという前提で、最初は全張りしながら、時間の経過とともに、成功確率が上がった会社については出資額を増やし、逆は減らしていくという判断を、参加者全員の集合知によってシステム的に行うところが画期的でした。スマートコントラクトによって、一定の条件を満たした後の行動はすべて自動化されているので、もはやファンドマネジャーもいらず、「資本主義の新しい形」ともてはやされたのです。

DAOハッキング事件とイーサリアムの分裂

ところが、2016年6月に事件が起きます。DAOがハッキングされ、総額3600万ETHが失われたというのです。

ICOで注目され、1・6億ドルの資金を集めたDAOでしたが、そのうちの8000万ドル分をハッカーが勝手に持ち出して逃げたのです。もちろん、イーサリアムの価格も暴落します。ところが、奪われた8000万ドルをハッカーから奪い返すホワイトハッカーが登場したりして、サイバー空間上で8000万ドルの争奪戦が起きました。

8000万ドルも失われるというのは、DAOだけの問題ではなく、プラットフォームとしてのイーサリアムにも問題があったのではないかということで、イーサリアムの運営元の話し合いで、本来は禁じ手であるはずの「その取引をなかったことにする」と決定します。

ここで思い出してほしいのですが、ブロックチェーンは「取引履歴」がひと続きのチェーンになっていることが最大の特徴で、だからこそ後から改ざんすることはできず、それが信用につながっていました（158ページ参照）。ところが、「その取引をなかったことにする」、つまり問題のある取引の直前で時間を止めて、それ以前の状況に戻ればいい、ということを自分たちで決定してしまったのです。

その結果、本来枝分かれしないはずのブロックチェーンが枝分かれしてしまい（ブロックチェーンが枝分かれすることをハードフォークといいます。227ページ参照）、ある時刻を境に、後から書き換えられたブロックチェーンにつながるイーサリアム（ETH）と、書き換えられる前のブロックチェーンにつながるイーサリアム（これを「イーサリアムクラシック」と呼びます。通貨単位はETC）という、2つのイーサリアムが同時に存在することになってしまったのです。まさにパラレルワールド、平行宇宙のような状況です。

さらに問題を複雑にしたのは、ハードフォークの方針の決め方でした。ブロックチェーンの思想としては、中央で誰かが管理するのではなく、みんなで分散してやるから信用が担保されるという面があったのに、ごく少数の運営者だけで決めてしまったので、それに反発する人たちが出てきたのです。

中央集権的な決め方が嫌いな人たちはイーサリアムクラシック（ETC）を支持し、今回のような問題を起こさないためには書き直しもやむなしとする人たちは、新しいイーサリアム（ETH）を支持して、業界を二分する大騒ぎになりました。

イーサリアムとイーサリアムクラシックの主導権争い

当初は、イーサリアム社がもともとのブロックは誰もやらないから価値がないだろうと放置していたこともあって、イーサリアムクラシックの価値はほぼゼロに近かったのですが、大手取引所が突然イーサリアムクラシックを扱い始めた途端、そこに値がつきました。いったん値がつくと、それが500円、1000円、2000円と伸びていく世界なので、それをきっかけにETCが復活します。値が上がれば、マイニングする意味も出てくるし、ユーザーからもイーサリアムクラシックを扱ってほしいという声が増えてくるので、私たち取引所も扱わざるを得なくなります。

図22 イーサリアムクラシック（ETC）価格の推移

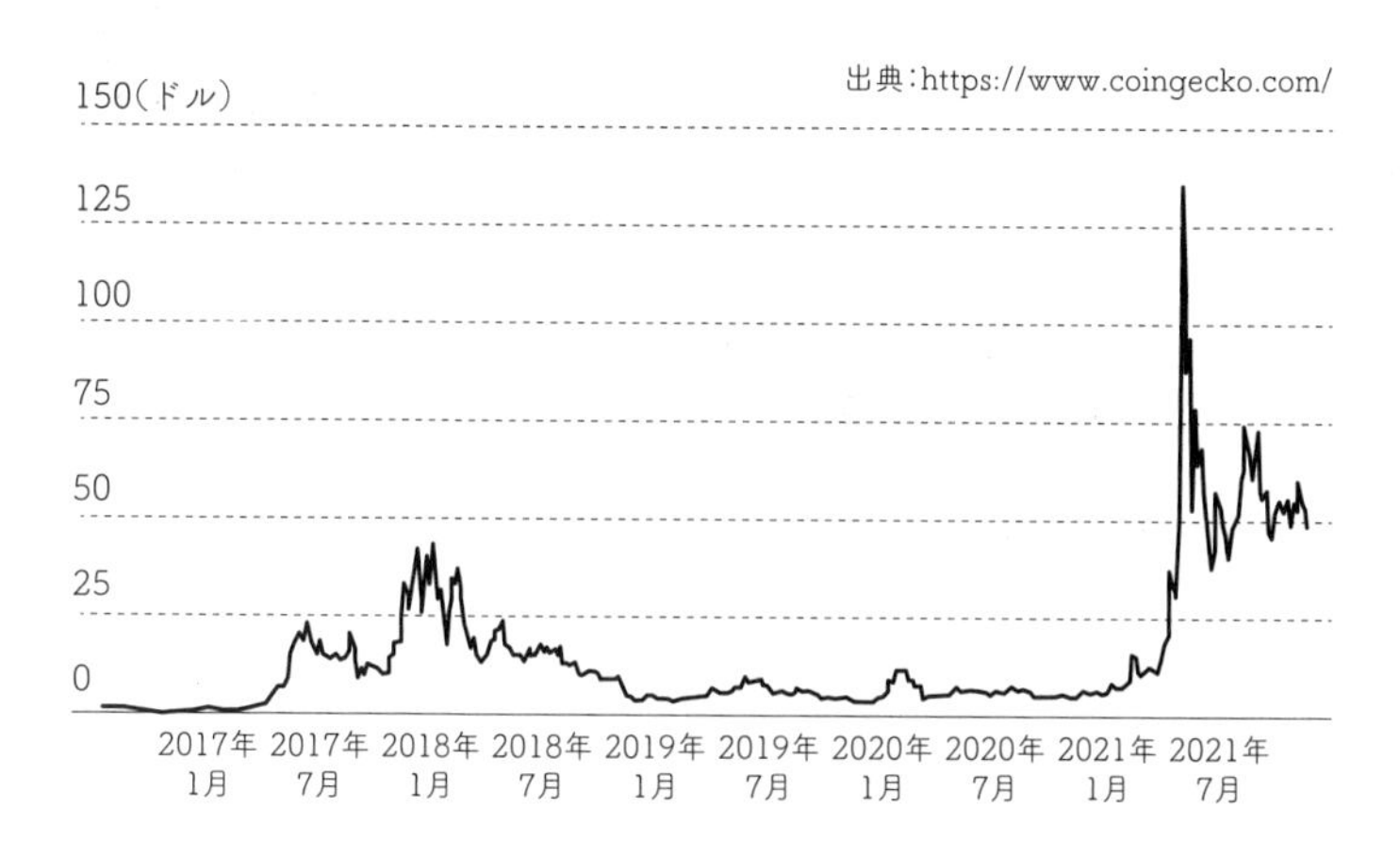

理想論と、目の前のお金のどっちをとるかといえば、目の前のお金になびいてしまうのは人間の性なので、高い値をつけたほうにマイニングする人が集まってくるのは、ある意味当然です。

とはいえ、分裂騒動の混乱が落ち着いたあとは、イーサリアムクラシックを支持する人は減り、価格も長らくゼロ近辺をさまよっていました。本書執筆時点（2021年11月）では、多少持ち直して「1ETC＝50ドル」前後になっていますが、本家イーサリアムの「1ETH＝4000ドル」と比べると、かなり差がついたといわざるを得ません。

PART 5
03

分散型金融 DeFiとは?

いわゆる取引所を介さず、プログラムによって自動で貸し手と借り手をつなげるマッチングサービスを「DeFi(分散型金融)」といい、塩漬けになったコインを貸して金利を得る「レンディング」がユーザーの人気を集めています。

2020年には、真ん中で取引を仲介するものがいない分散型金融「DeFi」が大ブームになりました。DeFiは「Decentralized Finance」の略で、文字通り、「中央集権でないファイナンス」を意味するイーサリアムのプラットフォーム上で展開されるサービスです。

DeFiとは何かを理解するために、まずは、暗号資産（仮想通貨）の「レンディング」について説明しましょう。

空売りと株の貸し借り

株式投資の基本は「安く買って高く売る」ことで、株価が上昇すれば、その差額が儲けになります。100円で買った株を120円で売れば、20円儲かるということです。しかし、それだけではなく、株価が下落する局面でも儲ける方法があります。それが、「借りた株を高く売って安く買い戻す」やり方で、「空売り（信用売り・ショート）」と呼ばれます（売るのはあくまで借りた株であって、現物の株を持っていないから「空」「信用」というわけです）。

証券会社から借りた株を100円で売り、半年後、株価が80円に下がったところで同じ数の株を買い、その株を証券会社に返却すれば、差額の20円（から証券会社に支払う金利分1円を引いた19円）が儲けになる仕組みです（説明のために話を単純化しています）。

ところで、このとき、証券会社は投資家に貸す株をどうやって手に入れているのでしょうか。それは、すでに株を持っている人から株を借りているのです。先ほどの例でいうと、投資家から金利0・1円で株を借りて、その株を別の投資家に金利1円で貸せば、差額の0・9円が証券会社の取り分になるわけです（説明のために話を単純化しています）。

塩漬けになったコインを貸し出すレンディング

暗号資産（仮想通貨）投資でも、同じような仕組みの導入が待たれていました。というのも、暗号資産市場が盛り上がり、ビットコインやその他のアルトコインをすでに買った人の数はどんどん増えていますが、多くの人は、買ったコインをそのまま持ち続けているからです。

ビットコインやイーサリアムなど、一部のメジャーなコインは、一時的に下がることはあっても、長い目で見ればずっと上昇し続けてきたので、「この先もっと値上がりするはずだから、売らずに持っておいたほうが得」と考える人が多いのです。

ところが、ビットコインやイーサリアムを持っているだけでは儲かりません。正確にいうと、価格が上がって「含み益」がどれだけ増えても、売って利益を確定するまでは、その「含み益」を手にすることはできないわけです。つまり、100万円で買ったビットコインが600万円になったとしても、売らずに持っている限り、投資した100万円（と含み益の500万円）は塩漬けになったままです。その100万円（＋500万円）がいま手元にあれば別の（もっと儲かる）資産に投資するのに、と思っても、それはできない相談です。

せっかく買ったコインも、売らずにただ持っておくだけではもったいない。そう考える人たちが増えてきたことで、暗号資産（仮想通貨）の世界にも、コインを貸すレンディングサービスが登場しました。

コインを持っている人たちからすると、どうせ売らずに長期保有するなら、一時的に貸し出して、少しでも金利分を上乗せしたい。一方、コインを借りるのは、FXのようにレバレッジを効かせて手持ちのコイン以上の「信用取引」をする人たちです（レバレッジについては49ページ参照）。自分が持っていない分のコインは、誰かから借りる必要があるからです。

そこで、株式投資における証券会社のように、暗号資産取引所などがすでに持っている人からコインを借り、そのコインを別の人に貸して、その利ざやを収入とするわけです。

なお、私たちコインチェックでも、最大年率5％の「Coincheck貸暗号資産サービス(https://coincheck.com/ja/lending)」を提供しています。

管理者不要のプログラムによってユーザー同士を直接つなげる

先ほどの例では、あいだに入った取引所がコインを貸したい人と借りたい人を結びつけるマッチングサービスの役割を果たしていました。しかし、ブロックチェーンはもともとP2Pでユーザー同士が直接つながるため、あいだに入る仲介業者も、中央でコントロールする組織も必要としない「非中央集権型＝分散型」のテクノロジーでした（128ページ参照）。

そのため、暗号資産（仮想通貨）のレンディングサービスにおいても、仲介業者を排除してユーザー同士を直接つなげる「非中央集権型＝分散型」のサービスの出現が望まれていました。そうして出てきたのが、ここで取り上げる「ＤｅＦｉ（非中央集権型金融＝分散型金融）」なのです。

ＤｅＦｉが可能になったのは、スマートコントラクトのおかげでした。あらかじめ決められた計算式に基づき、需給バランスに応じて貸し出し利率と借り入れ利率をリアルタイムで自動的に設定し、コインの貸し借りまで自動で行うので、管理者はいらないのです。すべてプログラムによって自動実行するスマートコントラクトの面目躍如、といったところでしょうか。

以上をまとめると、ＤｅＦｉとはずばり「コインを貸したい人と借りたい人を全自動プログラムで直接つなぐマッチングサービス」といえるでしょう。

ＤｅＦｉ（分散型金融）かＣｅＦｉ（中央集権型金融）か

ＤｅＦｉには管理者も仲介者もいないから、恣意的に運用される心配はないし、手数料などのコストもほとんどかかりません。また、すべての取引記録がブロックチェーン上で公開されているだけでなく、システムの信頼性を高めるために、プログラムのソースコードも公開されているので、透明性もきわめて高いのです。

「人間とアルゴリズム、どちらのほうが信用できますか」と聞かれて、「人間」と答える人が多いうちは、ＤｅＦｉは一部の人の利用にとどまるかもしれません。でも、いつかは「アルゴリズムのほうが信用できる」と答える人のほうが多くなる日がやってくるはずです。そうなったとき、ＤｅＦｉは従来型の金融サービスを破壊（ディスラプト）して、巨大な市場を築くかもしれません。

ちなみに、お金の貸し手と借り手を仲介してお金を融通する従来からある金融サービスのことを、「ＣｅＦｉ（Centralized Finance：中央集権型金融）」といいます。取引所があいだに入ったレンディングサービスも、ＣｅＦｉの一種と見ることができます。

DEX（分散型取引所）とは何か？

ＤｅＦｉのアプリケーションとしては、コンパウンド（Compound）やユニスワップ（Uniswap）が有名です。どちらも管理者のいない「ＤＥＸ（Decentralized EXchange：分散型取引所）」で、仮想通貨（暗号資産）の取引をすべてプログラムが自動で行います。

通常の取引所では、ユーザーは先に円やドルなどを入金してからコインの売買を始めるのが一般的で、それらの資産を取引所に預けっぱなしにしている人も少なくありません。それに対して、ＤＥＸでは、自分の資産は自分で守るのが基本的なスタンスで、ユーザーは自分のウォレットから直接取引を行います。ＤＥＸはコイン同士の取引の場をプログラムにしたがって提供しているだけ、ということです。

前者の場合、万が一、取引所が倒産したりすると、預けた自分の資産を回収できない可能性がありますが、ＤＥＸでは、そもそも資産を預けていないので、その心配はありません（ただし、秘密鍵を自分で管理するため、別の手間やリスクが発生します。172ページ参照）。

しかも、ＤＥＸはＤｅＦｉと同じく人手を介さないので、きわめて低コストでの利用が可能です。ＤＥＸに口座を開くときにＫＹＣ（本人確認）も必要ありません。

そうしたこともあって、ＤＥＸは日本で暗号資産交換業者として登録することはできません。しかし、法律上の縛りがないため、扱えるコインにも制限がなく、見たことも聞いたこともないようなコインを多数扱っています。まさに玉石混交で、なかには非常にリスキーなものも含まれています。すべて自己責任の世界です。

独自トークンはＤｅＦｉバブルの発生源？

ここで視点を変えて、コインを買いたいユーザーではなく、新規にコインを発行して儲けたい人の立場から、ＤｅＦｉを見てみましょう。

たとえば、自分でプログラムを書いて「鯉コイン」を発行したとします。できるだけ多くのユーザーに買ってもらいたいので、私たちのような取引所に「鯉コインを扱ってほしい」とお願いしにいくわけですが、国ごとにさまざまな規制があって、なかなか扱ってもらえません。「10年後なら取り扱い可になるかも」とつれない返事が返ってきた時点で、「もうやめた」とあきらめても不思議ではありません。

しかし、ＤｅＦｉなら、すぐにでも扱えます。審査も何もないので、コードを書いて、登録すれば、すぐに売りに出すことができるのです。とはいえ、ただ登録しただけでは、誰も買ってくれません。そこで、「イーサ（ＥＴＨ）を預けてくれたら、代わりに鯉コインをあげて、金利も20％つけるよ」といううたい文句でユーザーにアピールするわけです。すると、鯉コインのことはよく知らなくても、金利に目がくらんだユーザーが集まってきありません。

ます。それによって、いきなり大ブレイクを果たすというシンデレラストーリーも夢では

これは、コンパウンドやユニスワップで実際に起きたことでもあります。「イーサを預けれぱトークンがもらえる」→「そのトークンの価格が上がる」という連想によって、多くのユーザーが殺到した結果、コンパウンドの「COMP」トークンや、ユニスワップの「UNI」トークンは、一躍人気コインの仲間入りを果たしたのです。

PART 5
04

資金調達手段としてのICO、IEO、STOとは？

トークンを発行して一般ユーザーから資金を集めるICOは、従来とは違う革新的な資金調達手段として注目を集めます。しかし、ルールがないことをいいことに悪用する人が続出してバブルが崩壊、証券ルールを適用したSTO、取引所が関与するIEOが誕生しました。

イーサリアム・プラットフォーム上では、スマートコントラクトを使ったトークンの新規発行による資金調達が現在も盛んに行われています。それらは出てきた当初「ＩＣＯ」と呼ばれ、空前のブームを巻き起こしました。

「ＩＣＯ（Initial Coin Offering：コインの新規公開）」は、「ＩＰＯ（Initial Public Offering：株式新規公開）」と似ていることからわかるように、新しいコイン（トークン）を市場で売りに出す（公開する）ことで資金調達する手段です。ベンチャーキャピタルのような一部のプロに出資してもらうのではなく、広く一般の投資家から資金を集められるため、コイン（トークン）の売り手とユーザーを直接つなげる手段としても注目され、もてはやされました。

入り口でお金を集めるＩＣＯと、出口戦略としてのＩＰＯの違い

しかし、この両者には、決定的な違いがあります。

ＩＰＯは、成長したスタートアップが次のステージにステップアップするための通過儀礼の1つです。株式市場に上場すれば、創業時や成長途上で出資して支えてくれたエンジェル投資家やベンチャーキャピタルに報いることができるだけでなく、株主の構成も大き

く変わり、上場審査をクリアしたことで、社会的な信用も得られます。売り出しによって株主の数が一気に増え、利害関係者が広がるため、よりパブリック（ＩＰＯのＰです）な存在に近づくともいえます。

一方、スタートアップを立ち上げる起業家や、未上場企業に出資するベンチャーキャピタルにしてみれば、新規公開株が高い値をつければ、そこで所有株（の一部）を売り払い、これまで投じた資金の何十倍、何百倍の売却益を手に入れることで、投資を回収することができます。ＩＰＯが「出口（エグジット）戦略」と呼ばれるのは、そのためです。

最近では、株式市場に新規公開（上場）するよりも先に、テックジャイアンツに買収されるケースが増えていますが、それも投資した資金を回収するという意味では、同じ「出口戦略」の１つとされています。

ところが、ＩＣＯは、事業が成長した結果として、「出口」で売りに出されるのではありません。むしろ、これから事業を始めたい人がトークンを売りに出して資金を集めるわけで、「入り口」における資金調達なのです。

この違いを理解しておかないと、ユーザーは手痛いしっぺ返しを食らうことになります。

＞＞ＩＣＯは「未来」に対する投資

ＩＣＯでは、売上も事業実績も何もない状態で、「私はこんなアイデアを持っています」「この課題をこんなふうに解決します」「その仕組みはこうで、こういう体制で開発します」「市場規模はこれくらいあり、こんなふうに成長していく計画です」「その中でトークンはこういう役割を果たします」「調達した資金はこういうふうに使います」と宣言して、ホワイトペーパーと呼ばれる書類にまとめ、それを見た人たちがトークンを買うかどうかを判断します。つまり、事業の裏付けが何もない状態で、トークンの発行元が思い描く「未来」に投資するのがＩＣＯというわけです。

しかし、「未来」は必ずしも当人が想像したようには実現しません。むしろ、ほとんどの場合、当初の思惑とは外れてしまうのが「未来」です。だからこそ、起業前のシード期や、起業直後のスタートアップに対する投資は、「当たるも八卦当たらぬも八卦」の世界なのだともいえます。

この世に生まれたスタートアップの多くは、やがて淘汰される運命にあります。もちろん、業績堅調な中小ベンチャーとして生き残る企業もあれば、小さいながらも細々と事業を続ける地味なベンチャーもありますが、ＩＰＯやＭ＆Ａによる売却など、はっきりとした「出口」を迎えられる企業は、ごく一部にすぎません。

そのため、スタートアップに対する投資は、そのほとんどが回収できず、ごく一部の大成功を収めたベンチャーの出現によって、ほかのすべての赤字が解消され、全体でプラスになる「ハイリスク・ハイリターン」な投資なのです。

成功するのは「千三つ（１０００社あるうちの３社だけ）」ともいわれるほどで、将来大化けするスタートアップを見極めるのは、目利きのプロであってもむずかしい。だからこそ、スタートアップに対する投資は、薄く広くが基本戦略で、まずはなるべく大きく網をかけ、そこから見込みのありそうな企業を徐々に絞り込んで、次第に大きな金額を投資するように発達してきたのです（成長するステージごとに出資する顔ぶれも金額も変わるのが一般的です）。

ハイリスク・ハイリターン市場にシロウト投資家が殺到するとどうなるか

ところが、ＩＣＯでは、「暗号資産（仮想通貨）は儲かる」と耳にした一般ユーザー（つまり、ほとんどがシロウト投資家です）が、玉石混交で、どれが成功するか誰にもわからないハイリスク・ハイリターンのトークン市場にどっと押し寄せてきたのです。

それによって何が起きたのか。ICOバブルとその崩壊です。

本来ICOは、ある社会的課題を解決するために事業を始めたいから、趣旨に共感する人はぜひトークンを買って応援してください、それで得た資金を使って社会的使命を果たします、という約束で成り立つものです。

ところが、あまりにも急激に、あまりにも巨額のマネーが流れ込んできたことで、当初の理想が歪められ、詐欺（さぎ）まがいの案件が続出します。ICOとうたうだけで、どんどんお金が手に入るようになり、悪用する人たちが続々と集まってきたのです。

ICOをするだけで、中身をたいして調べられることもなく、どんどんお金が集まるので、見積もりが杜撰（ずさん）でプロジェクトが途中で瓦解（がかい）したり、あるいは、そもそもプロジェクトが存在せず、最初からダマす気満々の案件が増えていきました。地道に事業を立ち上げるより、手っ取り早くトークンを発行したほうが儲かるようになってしまったのです。

その結果、ICOは、ホワイトペーパーにもっともらしい言葉を並べるだけで、無から有を生み出せる「錬金術」や、打てば打つだけお金が出てくる「打ち出の小槌（こづち）」だと揶揄（やゆ）

されるようになりました。そうした事態が知れ渡ると、ついにユーザーの熱狂も冷め、一気にバブル崩壊へと至ったのです。

バブル崩壊でも失われないICOの革新性

市場が成熟する前に巨額の資金が流入して、実態以上に持ち上げられてバブルになり、崩壊してしまったことは不幸でしたが、ICOの革新性が失われるものではありません。

ICOが真に革新的だったのは、エンジェル投資家やベンチャーキャピタルの知り合いがいなくても、証券会社の審査を経て証券取引所やナスダック市場に上場しなくても、必要なら誰でも簡単に資金調達できること、その手段を広く一般の人たちに開放したこと。

ICOでは、トークンを発行して、その代わりにイーサ（ETH）を受け取る一連のやりとりを、スマートコントラクトですべて自動化して、人手を介さずに実行できるようになっています。それによって資金調達の手段を「効率化」し、誰でも使えるように「民主化」したのです。このことはいくら強調しても強調しすぎることはありません。

同じことをユーザー目線で見直せば、それまでプロの投資家のあいだでしか出回らなかった未上場のスタートアップの情報が、広く一般に公開され、自らの目で見て選んで投資できるようになったということです。これも立派な投資の「民主化」です。

実際、ICOによって多額の資金を得て、事業を軌道に乗せた人もいます。第一、ICOのプラットフォームとなったイーサリアム自身も、元をたどればICOによって調達した資金で基礎を築き、現在のポジションまでのぼりつめてきたのです。

株や社債をトークン化した「STO」

では、ICOのどこが問題だったのでしょうか。

それは、颯爽と登場してきて一気に広がったICOのスピード感に、ルールの整備がまったく追いつかなかったことです。つまり、当時のICO市場は、法律の外におかれた「無法地帯」だったわけです。

そのため、投資家を保護する仕組みが皆無で、詐欺まがいのトークンを買ってダマされたとしても、それを救う手段も、ダマした人に対抗する手段もなかったわけです。

これは、技術的な問題ではなく、純粋に制度上の問題です。だったら、ルールを整備すればいいだけです。

1つの考え方は、新規に発行されるトークンは、実質的には「株」と同じだから、株と同じルールを適用しようというもので、「STO（Security Token Offering）」と呼ばれます。「セキュリティ」というのは「証券」なので、株式や社債などと同じように「有価証券」の法律に則ったトークンを発行することになります。

投資家保護という面では、法律にしたがい、厳しい審査に合格しないと発行できないSTOは、たしかに、ほかの証券と同じくらい安全だといえるでしょう。しかし、それでは「誰でも簡単に発行できる」というICOの最大の恩恵を受けることはできません。株式や社債を発行できるのは、手間とコストをかけて、そうした体制を整えている企業組織だけで、個人のレベルではとうてい手が届かないからです。

その意味で、STOはむしろ、従来からある株式や社債、不動産投資信託REIT（リート）などの証券を、ブロックチェーンで扱えるトークンの形で発行するための仕組みで、ICOで資金調達を考えていたような人たちをターゲットにした仕組みではないのかもしれません。

取引所がトークン発行までを支援する「IEO」

さすがにそれでは厳しすぎるということで出てきたのが、「IEO（Initial Exchange Offering）」です。「エクスチェンジ」というのは「取引所（両替所）」のことで、発行されたトークンを扱う取引所が、一定のルールに則って発行されるように、発行する人たちの状況をチェックしようというものです。

私たちのような取引所（暗号資産交換業者）は、国のルールに基づいて登録されているので、法律を逸脱した行為はできません。その取引所が、トークン発行を側面支援することで、発行元にも同じようにルールを適用することになります。

もし発行されたトークンがインチキだったら、取引所の信用にも傷がつくので、審査が甘すぎる心配はないはずです。目論見通りにプロジェクトが稼働しているか、モニタリングしつつ、伴走してトークンの新規公開につなげる仕組みなので、株の上場審査ほどは厳密でなく、かといって、完全に放置して発行主体にまかせきり、ということもありません。

いいかえると、無法地帯だったICOと、ガチガチのルールに縛られて自由を失ったS

ＴＯの、ちょうどあいだをとったのがＩＥＯといえるかもしれません。

ただし、ＩＥＯでは、取引所経由でトークンが発行されるので、ＩＣＯのように、世界中のどこからでも誰でも買えることにはなりません。

ちなみに、私たちコインチェックも「Coincheck IEO（https://first-ieo.coincheck.com）」を通じて、企業の資金調達を支援しています。

知名度アップとファン開拓とコミュニティづくりの一石三鳥

このようにルールが整備されてきたことで、問題だらけだったＩＣＯも、世の中と折り合いをつけられるようになってきました。

資金調達したい人からすると、従来の資本市場からの調達は、やはり相当ハードルが高いわけです。ベンチャーキャピタルなど、特定の相手から出資を募る第三者割当増資をするにしても、既存のルールがガッチリ決まっていて、やればやるほど煩雑で、手間もコストもかかってきます。

それと比べれば、ＩＥＯのほうが負担は軽いはずです。しかも、ＩＥＯなら、一般のユーザーからお金を集めることになるので、知名度アップとファン開拓とコミュニティづくりを同時進行で追求できます。ある意味、資金調達以上に価値があることかもしれません。

一方、第三者割当増資でベンチャーキャピタルやファンドが入ってきても、ユーザーが増えるわけではありません。あくまでビジネスのパートナーという位置づけです。むしろ、経営に対する発言権の強い株主が入ってくるわけで、そこは、自由にやりたい人にとっては「痛しかゆし」と感じる部分かもしれません。

「推し」のためにお金を払いたいパトロンはたくさんいる

ＩＣＯ／ＩＥＯと同じように、一般のユーザーからの応援で成り立つ資金調達手段として、「クラウドファンディング」も世の中に受け入れられました。ある事業アイデアや製品のプロトタイプを公開して、それに興味を持った人がお金を寄付すると、その金額に応じて特典がもらえたり、完成品を受け取ったりできる仕組みです。

単純なモノづくりのクラウドファンディングは、公表されたアイデアやプロトタイプをもとに、類似品を先につくってしまう業者が続出したために廃れてしまいましたが、真似のしようがないユニークな一点物（たとえば、映画や舞台、イベントの制作、復興支援、特定の場所と結びついた建築物やモニュメントなど）については、むしろ、資金調達だけではなく、ファンの力を結集し、コミュニティを育てる手段としても、浸透したといっていいでしょう。

ＩＥＯも、すでにファンコミュニティがあるところが資金を集め、ファンとの一体感を育てたいときに、とても役に立つツールになるはずです。会社単位でなくても、コミュニティ単位で、ファンやメンバーに直接働きかけて、応援の輪を広げることができる。従来の資金調達スキームだと、法人でなければダメ、代表印がなければダメ、という感じで、ハナから手も足も出なかった人たちに、新しい選択肢を提供する。それがＩＥＯなのではないかと思います。

失敗したらダメではなく、失敗しても即修正で前進し続けることに意味がある

ＩＣＯバブルが崩壊したとき、「それ見たことか、暗号資産なんて胡散臭いものに手を出すから、そんなことに巻き込まれるんだ」と溜飲を下げた人がいたかもしれません。

しかし、あらゆる欲望をも取り込んで、プラスとマイナス、否定と肯定のあいだを行っ

たり来たりしながら、それでも力強く前進していくのが資本主義のダイナミズムであり、むしろ、テクノロジーの最前線の1つであるブロックチェーンの一連の動きのなかに、日本企業の名前が1社も登場しないことを心配すべきではないかと個人的に思っています。

やらずに否定するだけでは何も起きません。やってみて、失敗したら（新しいチャレンジに失敗はつきものです）、軌道修正をはかればいい。そうやって、現実に物事を動かしていくからこそ、イノベーションが生まれ、経済が回り、世の中が豊かになっていくのです。

先にルールありき、ではなく、先に動いたもの勝ちのほうが、競争によって生まれた果実を社会に還元することができます。ルールを整備するのは、うまくいかないことがわかってからでも遅くはないのです。厳しすぎるルールは、イノベーションの芽を摘み取ってしまって、かえって競争を阻害してしまうこともあるのです。

PART 5
05

非代替性トークン「NFT」とは？

デジタルアートやコンテンツのクリエイターにとって、代えの効かない一点物のトークン「NFT」は新たな収入源となり得ます。その活動を応援したいファンにとっても、直接「推し」とつながることができるので、コミュニティが活性化して、そこに「経済圏」が生まれます。

ビットコインから始まったブロックチェーン技術は、スマートコントラクトを実装したイーサリアムのプラットフォームの登場によって、いよいよその対象を、暗号資産（仮想通貨）からクリエイティブの領域にまで拡大しつつあります。

デジタルコンテンツ・デジタルアート界の救世主ともウワサされるNFT（非代替性トークン）とは何なのか。パート5の締めくくりに、話題のNFTをくわしく解説します。

NFTは唯一無二の「一点物」

NFT（Non-Fungible Token）は、イーサリアム・プラットフォーム上で、唯一無二の「一点物」を生み出せるトークンです。NFTを「非代替性トークン」と呼ぶのは、それがほかでは代わりが効かない「一点物」だからです。

NFTがこの世にはじめて登場したのは2017年のことでした。「クリプトパンク（CryptoPunks）」には、24×24ピクセルの目の粗い「ドット絵」が1万点もあり、それぞれ異なるキャラクターが描かれています。これがただのドット絵コレクションと違ったのは、その1つ1つの画像の「所有者」が、イーサリアムのブロックチェーン上に明記されてい

クリプトパンクにある
24×24ピクセルの画像

8億円以上で売却された
Punk #7804

（出典：CryptoPunks）

たことです。

　これらの画像は一般のユーザーに売りに出され、それを買った人が転売する二次流通市場（マーケットプレイス）も用意されました。画像は1つ1つ異なる「一点物」であり、全部で1万点しかないという希少性もあって、これらの画像を買って自分のコレクションとする人もいれば、買った画像をマーケットプレイスで売って儲けようとする人も現れました。

　ほかの誰のものでもない、自分だけのデジタル作品という目新しさと、ブロックチェーンがついにアートの世界に進出したという話題性もあって、マーケットプレイスでやりとりされる市場価格はどんどん跳ね上がります。

2021年4月にはついに、ただのドット絵1点に4200ETH（当時のレートでおよそ8億2000万円！）もの値がつき、大ニュースになったのです。[2]

ランダムに生成される唯一無二のキャラクター

NFTをさらにメジャーにしたのは、育成ゲームの「クリプトキティーズ（Cryptokitties）」です。ユーザーが「デジタルにゃんこ」を育成・繁殖させると、次々と新しいにゃんこが誕生します。そうして生まれた新種のにゃんこはどれも、ほかのにゃんこたちとは微妙に異なる、唯一無二の存在です。

最大の特徴は、繁殖を決める遺伝アルゴリズムを、イーサリアムのスマートコントラクトで自動化したところです。ランダムな組み合わせで生まれてくるにゃんこたちは、ほかと被らないようにあらかじめ設計されているわけです。

自分だけの「一点物」のにゃんこたちの存在は、折しも2017年のICOバブルに殺到していたユーザーたちのコレクター魂に火をつけました。大量のユーザーが大量の取引を一斉に行った結果、売買に使われるイーサ（ETH）の処理能力が追いつかず、マーケ

2 イーサリアムの「最古のNFTプロジェクト」CryptoPunksをめぐる驚くべき熱狂
https://jp.techcrunch.com/2021/04/26/2021-04-08-the-cult-of-cryptopunks/

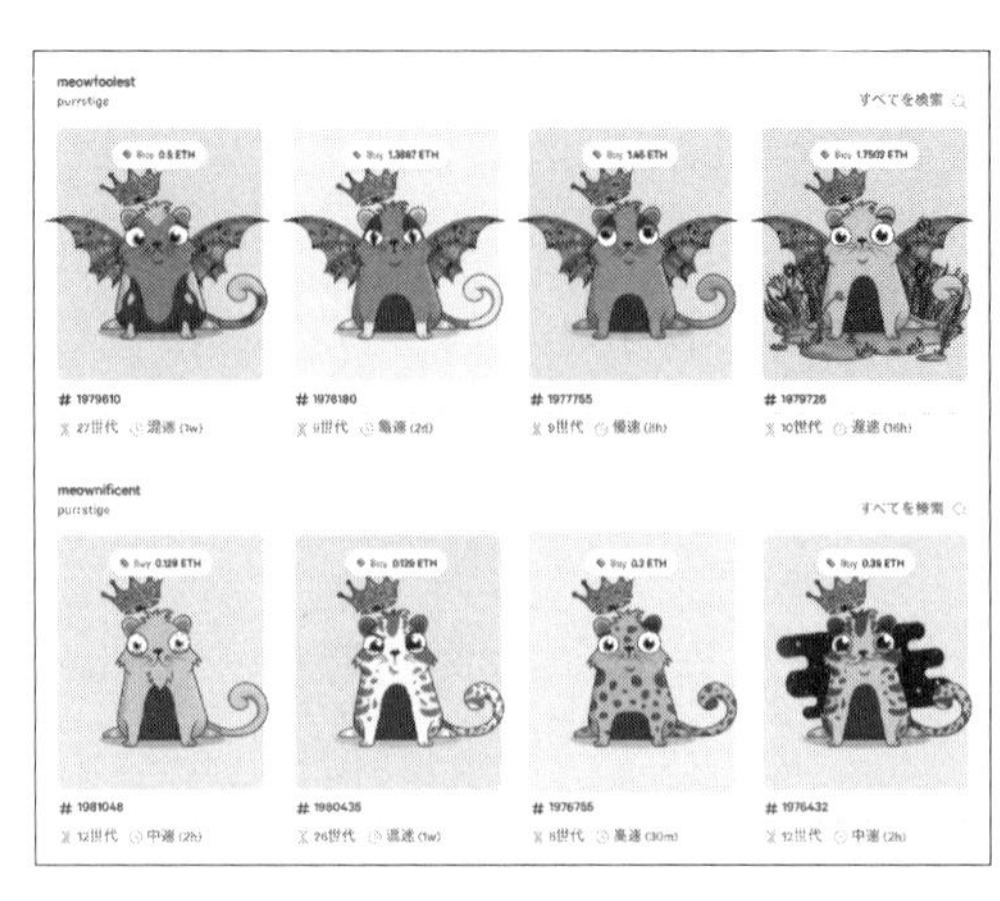

クリプトキティーズで生み出された新種のにゃんこたち（出典：https://www.cryptokitties.co）

ットに大混乱を巻き起こしたのです。

クリプトキティーズは順調に成長を続け、世界的なブロックチェーンゲームの先駆けとなりました。クリプトキティーズの運営元であるダッパーラボ（Dapper Labs）は、NBA公認のNFTトレーディングカードゲーム「NBAトップショット」も手がけていて、ブロックチェーンゲーム業界の注目のプレイヤーです。

ほかと識別できるものなら「ユニークネス」を獲得できる

ところで、NFTの「唯一無二のトークン」とはどういう意味なのでしょうか。

ビットコインからその他のアルトコイン、イーサリアム・プラットフォーム上で発行されるトークンに至るまで、ブロックチェーン上で扱われるあらゆるコインは、「このコインは自分のもの」といって取り出せるものではありません。

ブロックチェーンは「誰から誰へいくら移動した」という取引（トランザクション）が記録された「台帳」にすぎないからで、Aさんが1コイン持っているといっても、そのコイン全体のうちの「1コイン分」を移動する権利を持っているにすぎず（その権利を行使するときに使うのが「秘密鍵」です。173ページ参照）、その1コインにAさんの名前が記されているわけでもありません。

しかし、NFTは、この世にたった1つしかない唯一無二の「一点物」のトークンなので、「この画像は自分のもの」と宣言することができます。この画像とあの画像が「別の画像」であることは見ればわかるので、1つ1つの画像の持ち主が決まっていても、別に不思議でもなんでもないからです。

考えてみれば、暗号資産としてのトークンも、NFTとしてのトークンも、元をたどれば、0と1で表現されるデジタルデータにすぎません。違うのは、暗号資産が「人間にとって意味のない文字列」であるのに対して、NFTは「人間が目で見て認識できる画像に変換できる文字列」であるという点です。

そして、「人間が目で見て認識できる画像」であれば、ちょっとした違いを「人間が目で見て識別できる」ようになります。このコインとあのコインが「別のコイン」だと見分けられないのとは違って、この画像とあの画像は「別の画像」だと見分けられる。それによって、NFTは同じトークンでありながら、ほかのものとは代替できない「一意性（ユニークネス）」を獲得できたのです。

タダで見られるものにお金を払うのはなぜ？

しかし、NFTを買った人がいくら「この画像は自分のもの」だと主張しても、その画像をほかの誰かが見ることを止めることはできません。画像はデジタルデータなのでいくらでもコピーできるし、そもそも買った人しか見られないとしたら、その画像をインターネット上で販売することはできないからです。

そのため、唯一無二のNFT画像であっても、見る分には、ほとんどの場合「タダ（無料）」なのです。

では、なぜタダで見られるものにお金を払うのか。そこに疑問を感じるとしたら、その人はコレクター心理をわかっていないのかもしれません。

コレクターは「それを自分が持っている」ことに最大の喜びを感じるのであって、別の人が持っていて、頼めばいつでも見せてくれるからといって、「自分はいらない」「ほしくない」と思うようなら、そもそもその人はコレクターではないわけです。

高価な美術品のコレクターも、大枚はたいて購入した美術品を美術館に貸し出したりして、一般の人に公開するケースも少なくありません。なかには自分の屋敷の奥に秘匿して、誰の目にも触れさせたくないというマニアックな愛好家もいるかもしれませんが、せっかく買った自分の貴重なコレクションを多くの人に見てもらいたい、と考える人もいるということです。

「推し」に対する投げ銭効果も

NFTは、特定のアーティストやクリエイターを応援したいファン心理ときわめて相性がいいことも、大きな特徴です。

わかりやすいのは、「推し」に対する投げ銭です。人気ユーチューバーのライブ配信で、数百円から数万円のスパチャ（ユーチューブが提供する投げ銭機能「スーパーチャット」の略）が乱れ飛ぶ光景を目にしたことがある人なら、きっと実感できると思います。

スパチャは「推し」を応援したい気持ちを「お金」で表現したものです。「推し」と直接つながることができるだけでなく、チャットで「推し」から「お礼の言葉」をもらえるケースもあり、ファンの承認欲求も満たされます。好きな人のためなら、多少の出費はいとわない。それがファン心理というものです。

ライブ配信サービスやコンテンツ投稿サイトでは、配信者（うp主＝コンテンツをアップした人）の才能に対する称賛の気持ちや、コンテンツ制作の労力に対するお礼として、さまざまなグッズや権利（配信者主催のイベントに参加する権利など）を購入できるギフティング機能が提供されています。

そこで買えるグッズが、市販品とは違う「限定品」だったらうれしいし、ほかの誰も持っていない「一点物」だったらもっとうれしい、多少高くても手に入れたい、というのがファン心理ではないでしょうか。ＮＦＴはそれを可能にしてくれるのです。

その「NFT価格」は高いのか安いのか

そうした「一点物」の値段は、「推し」に対する忠誠心によっていくらでも変わる、というところが、ただのコインとは決定的に違います。

コインの価格は需要と供給のバランスで変わり、買いたいという人が多ければ多いほど、値段が上がっていきます。しかし、NFTの場合は、流動性が高いかどうかは、それほど大きな問題ではありません。それを買いたいという人が、たとえ世界中にたった1人しかいなくても、その人が「この画像には100万円の価値がある」と思えば、100万円の値段がつくのです。

つまり、買いたい人の多さにかかわらず、一意的に値段が決まる。唯一無二のNFTだからこそ、そういう取引が成り立つのです（ただし、後述する二次流通市場では、需要が多いほど高値がつく傾向があります）。

アンティークコインやビンテージワインも、市場原理によって、信じられないような高額で取引されることがあります。NFTもそれと何も変わらないのです。

逆にいうと、ある特定のNFT作品に誰がいくら払おうが、その人の自由ということです。他人がそれを批判したり、「あなたはダマされている」と訳知り顔で忠告したりするのは、本人にとっては「余計なお節介」でしかないのかもしれません。

二次流通市場が持つジレンマ

NFT作品を手に入れた人が、それを別の人に売ることもあるでしょう。芸能人の手書きのサインや、スポーツ選手があの瞬間に着ていたユニフォームのような「一点物」であっても、それを売りたい人と買いたい人がいる限り、二次流通市場（マーケットプレイス）が発達するのは、ごく当たり前の風景です。

しかし、「限定品」や「一点物」の二次流通市場が盛り上がれば盛り上がるほど、そこにつけ込む「転売ヤー（希少価値が高いグッズやチケットなどを買い占め、高値で売りさばく転売業者）」が参入してくるのは避けられません。とはいえ、「安く仕入れて高く売る」ことは商売の基本中の基本であり、転売自体はリアル世界で普遍的に見られる現象にすぎません。

一方、作品を生み出したクリエイターにしてみれば、自分の作品が高く評価され、二次流通市場でどれだけ高く売れたとしても、自分の懐には一銭も入らないという問題がありました。

どんな商品でも同じですが、「新品」を買ったときは、その代金の一部を売り手（販売業者）が受け取り、残りは作り手（メイカーやクリエイター）の手に渡ります。しかし、いったん売れたあとの「中古品」の売買（二次流通市場）では、代金はそれを売った人と販売業者が分け合うだけで、メイカーやクリエイターは完全に蚊帳の外です。

ファン心理としては、大好きな「推し」のグッズやチケットは、それが入手困難なものであるほど手に入れたい。ところが、中古品（転売品）を正規の値段の5倍、10倍で買ったとしても、そのお金は「推し」のところには届かず、「転売ヤー」の手に落ちてしまうわけで、そこに大きなジレンマがありました。

二次流通・二次創作市場を盛り上げる起爆剤となる可能性も

しかし、NFTなら、そうしたジレンマを解消できるかもしれません。NFTを可能にしたスマートコントラクトは、あらかじめ「こういう条件のときはこういう行動をする」

と決めておけば、それを自動で実行してくれるプログラムでした（293ページ参照）。そのため、たとえば「二次流通市場で売買したときはクリエイターに代金の◯%を送る」とプログラムに書いておけば、中古品が売れた時点でクリエイターに分配金を送る仕組みをつくることは、それほどむずかしくないのです。

これは、自分の作品が中古市場でやりとりされるのを快く思っていなかったクリエイターにとっても、悪い話ではないはずです。中古品の売買が自分の収入につながるなら、むしろどんどん売ってもらって、より多くの人に手にとってほしいと思うクリエイターもいるはずだからです。

実際、ユーザーが購入したNFTを二次流通市場で販売したとき、クリエイターやアーティストにも一定のロイヤリティが還元される仕組みをうたったサービスが続々と登場しています。

さらに、二次創作の世界でも、NFTが福音となる可能性があります。二次創作作品をNFT化することによって、元ネタであるキャラクターなどの権利を持つ漫画家や出版社に対しても、ロイヤリティを自動で還元できる仕組みを構築できるからです。

ファンコミュニティを持つ人たちの新たな収入源に

NFTは、マンガやアニメ、イラスト、映画、ゲーム、アート作品、ライブパフォーマンスなど、オリジナルなコンテンツを創造し続けるすべてのクリエイターやアーティストにとって、新たな収入源となる可能性を秘めています。

Jリーグやプロ野球のように根強いファンがいるプロスポーツチームやスポーツ団体、ファンクラブがあるミュージシャンや芸能人、コミュニティを運営するサロンオーナーや固定ファンのいるユーチューバーなどにとっても、NFTは、新たな収益源を提供してくれるかもしれません。

コロナによって世界が分断されてしまったことで、ファンとの距離が遠ざかり、苦労しているクリエイターも少なくないといいます。そうしたクリエイターがNFTを使えば、コンテンツ制作にかかる費用を直接回収できるだけでなく、ファンとの絆を強めることができます。あいだに入る人がいなくなれば、それだけクリエイターの取り分は大きくなり、たとえば、1000人の固定ファンがいれば、生活をまかなえるようになるかもしれません。

一方、それを支えるファンにしても、好きなクリエイターを直接応援できれば、こんなにうれしいことはないでしょう。

NFTには、そうした親密で小さな経済圏を回す力もあれば、もっとずっと大きな、1つの産業を根本から変えてしまうような破壊力もありそうです。これからもNFTに注目してみてください。

エピローグ

新たな「デジタル経済圏」を創造する

私の両親が子どもだった1960年代は、友だちといえば、近所の子どもでした。しかし、それから半世紀後の現代の子どもたちは、SNSや「フォートナイト」などのオンラインゲーム、ディスコードやVRチャットの中に友だちがいます。

友だちに限らず、さまざまなコミュニケーションが、スマートフォンやPCを通じたデジタルな暮らしの中で行われ、私たちは1日の時間の大半をデジタルに費やしています。

みなさんも、ご自分のiPhoneのスクリーンタイムでチェックしてみてください。毎日何時間、iPhoneを見ていますか？　私は1日平均6時間、つまり1日の4分の1もiPhoneを見ています。PCを見ている時間も加えると、デジタルに費やす時間は起きている時間の80％（！）にも達しています。

最近、私もオキュラス・クエスト2を手に入れました。今後、VR（仮想現実）・AR

（拡張現実）グラスなどの完成度が高まり、デバイスが普及していけば、スマートフォンをポケットから取り出す必要もなくなり、より一層デジタルに費やす時間が増えていくのではないでしょうか。

これだけの時間をデジタルな暮らしに費やしていると、デジタル世界での「私」という存在の承認欲求のほうが、物理的な「私」の承認欲求よりも大きくなってきます。たとえば、インスタグラムでフィルターを使うのは、お化粧をしているようなものですし、フォートナイトでスキンを買うのは、流行りの洋服を着るようなものです。

デジタルな暮らしが、物理的な暮らしよりも価値を帯びてくると、デジタルな暮らしで消費が生まれ、そこに新たな「デジタル経済圏」が誕生します。

暗号資産ネイティブな方法で生計を立てられる「デジタル経済圏」

デジタル経済圏の先進的な事例として、NFTゲーム（GameFi：ゲームファイナンス）の「アクシー・インフィニティ（Axie Infinity）」を紹介します。

アクシー・インフィニティは、ベトナムの会社が開発したブロックチェーンゲームです。

図23 GameFi「Axie Infinity」で生計を立てる仕組み

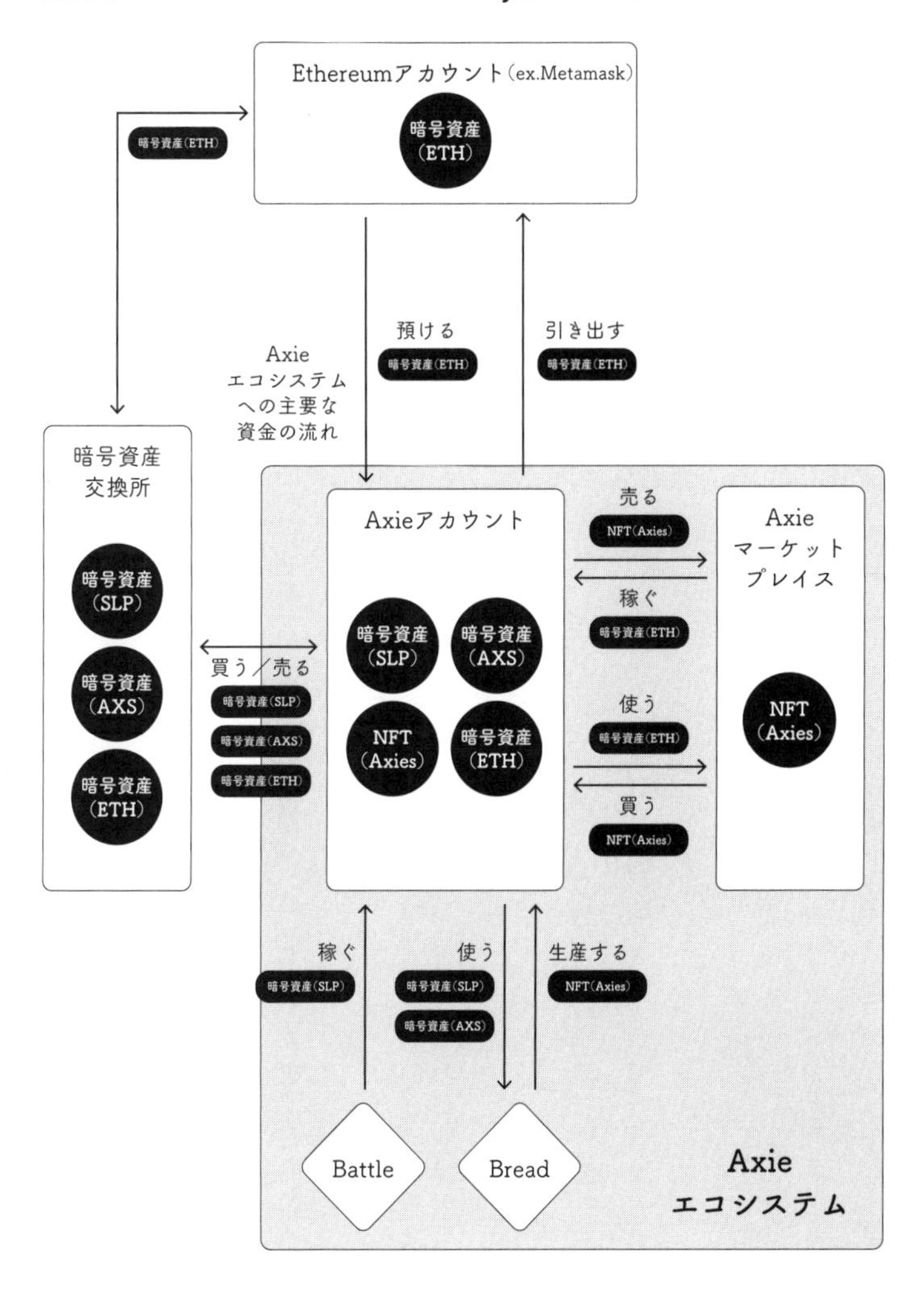

ユーザーは、ゲーム内で2種類の暗号資産「SLP」「AXS」を獲得できます。余った「SLP」「AXS」は、そのままDeFi（分散型金融）で運用したり、いったんイーサ（ETH）などと交換してから日本円に換金できます。

さらに、ユーザーは、自分が育てたモンスター（アクシー）やプレイ中に入手したアイテムをNFTマーケットプレイスで販売できます。代金はイーサ（ETH）で支払われるので、これも日本円に換金できます。

このように、ユーザーはアクシー・インフィニティをプレイするだけで収入を得ることができるのです。

アクシー・インフィニティの人気が出るほど、「SLP」「AXS」の価格が上がり、NFTマーケットプレイスも盛り上がって、ユーザーも潤う。これは立派な経済圏です。つまり、アクシー・インフィニティは、暗号資産ネイティブな方法で生計を立てられる、新たな「デジタル経済圏」を生み出しているのです。

GameFi（ゲームファイナンス）は、暗号資産ネイティブなアプリケーションの1例でしかありません。ほかにも、コレクションNFTゲーム（NBAトップショット）、NFTアート（ハッシュマスクス）、分散型取引所（ユニスワップ）、貸暗号資産サービス（コンパウンド）など

図24 暗号資産ネイティブなデジタル経済圏

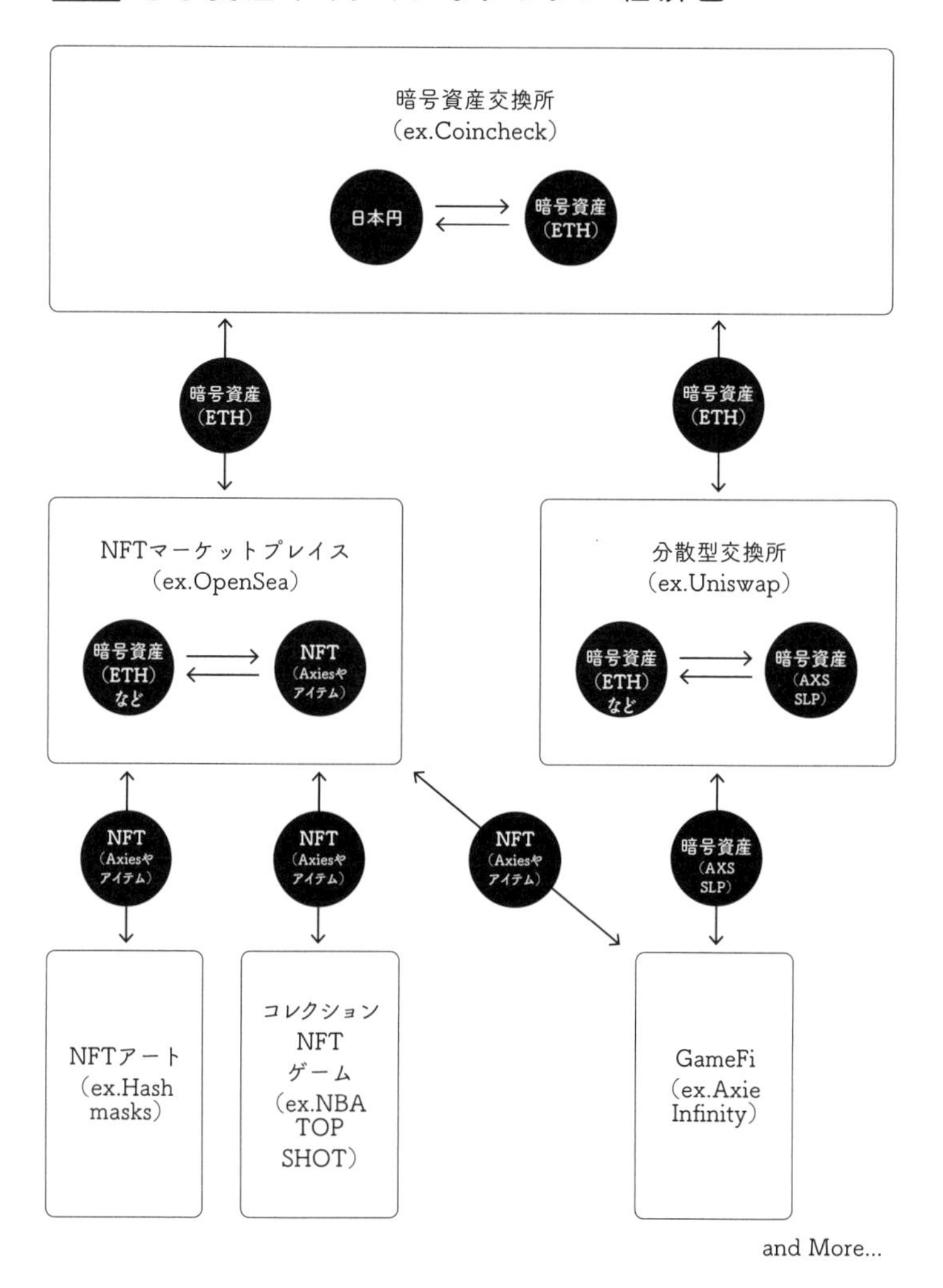

が続々と誕生していて、今後はさらに加速度的に、多様な暗号資産ネイティブのアプリケーションが生まれてくるはずです。

このようなデジタル経済圏が実現したのは、ブロックチェーンという革新的な技術によって、暗号資産やNFTなどのデジタル資産を、時間や空間的な距離を超えて、誰でも簡単に、安く、便利に送り合うことができるようになったからです。メールを送るような手軽さで、「価値」を送ることができる。これは、インターネットが「情報のインターネット」から「価値のインターネット」へ進化したということにほかなりません。

挑戦する人なら誰にでもチャンスがある社会

デジタル経済圏は、これからルールや枠組みがつくられる新しい世界です。新世界では、挑戦した人に平等にチャンスがあります。

私は、デジタル経済圏をつくり出すことで、「国も年齢も性別も学歴も社会的地位も関係なく、挑戦した人にチャンスがある社会」を実現できると考えています。私たちが、デジタル経済圏をつくりたい、その現場に関与したいと強く願っているのは、そのためです。

コインチェックを創業したとき、暗号資産市場には、ルールも枠組みもまだ存在しませんでした。「暗号資産事業は金融事業。金融の世界は学歴重視であり、金融業界での職務経験が必要なので、難易度が高いのでやめたほうがいい」。直接言わないまでも、否定的な意見がほとんどでした。

私たちのことを思って助言していただけることは、とてもありがたいことでした。しかし、その一方で、さまざまな困難はあれど、覚悟を持ってやり続ければ、年齢も学歴も社会的地位も関係なく、成し遂げられるのではないか？　そんな想いを胸に挑戦し続けてきたのです。

日本の首都・東京で生活していると、意識しにくいかもしれませんが、現代社会においては、人の一生は、生まれた国、生まれた都市、年齢（生まれた時代）、性別（ジェンダー）によってつかめるチャンスが異なっています。

暗号資産ネイティブな方法で生計を立てられる「デジタル経済圏」は、誰にでも平等にチャンスが開かれています。大きな資本もいらない。家柄（生まれ持った信用）も関係ない。ジェンダーも関係ない。年齢も学歴も社会的地位も関係ない。ただ1つ、必要なのは挑戦する勇気です。

勇気を持って挑戦する人にチャンスがある社会。デジタル経済圏を生み出すことで、コインチェック創業期に想い描いた夢を実現できるのではないかと私は考えています。

暗号資産は「価値」を送るためのプロトコル

デジタル経済圏のコアとなる暗号資産とは、何なのか。ここで改めて考えてみます。

暗号資産は、急激な価格の上昇と下落ばかりが注目されますが、暗号資産に対する投資は、暗号資産の最初のユースケースでしかありません。

ビットコインのホワイトペーパーに立ち戻ると、ビットコインは「A Peer-to-Peer Electronic Cash System」であり、電子的にお金（価値）を送るシステムを指していることがわかります。

つまり、暗号資産とは「価値」を送る共通規格（プロトコル）なのです。

「情報」を送る共通規格には、TCP/IP、HTTP、SMTPなどがありました。これらの規格が発明されたことにより、私たちは誰でもメールを送ったり、動画を楽しんだり、SNSで友だちとやりとりすることができるようになりました。

一方、「価値」を送る共通規格には、ビットコイン（BTC）やイーサリアム（ETH）など、さまざまな暗号資産があげられます。BTCやETHが発明されたことにより、私たちは誰でもデジタル資産を送ったり、貸したりすることができるようになったのです。

「価値のインターネット」が切り開く未来

「情報のインターネット」が産声をあげてから、早くも半世紀以上が経ちました。50年以上に及ぶその歴史の中で、勇気ある挑戦と改善が繰り返されてきました。

早くも1970年代にはTCP/IPの開発が始まり、1991年にWWW（ワールドワイドウェブ）が公開され、93年に世界初のブラウザ「モザイク」が生まれて、インターネットは現在の姿に近づきます。ウィンドウズ95の登場で、インターネットの個人利用が広がり、通信回線もそれまでのダイヤルアップ接続から、ISDN、ADSLを経て、光回線へと高速化されました。無線通信も3G、4Gから5Gへ、接続端末もPCから携帯電話、スマートフォンへと変わり、SNSで世界中の人とつながり、大容量の動画も気軽にダウンロードできるようになりました。そして、いまや私たちの生活の中心は、デジタル世界、

図25 暗号資産とインターネットの普及率

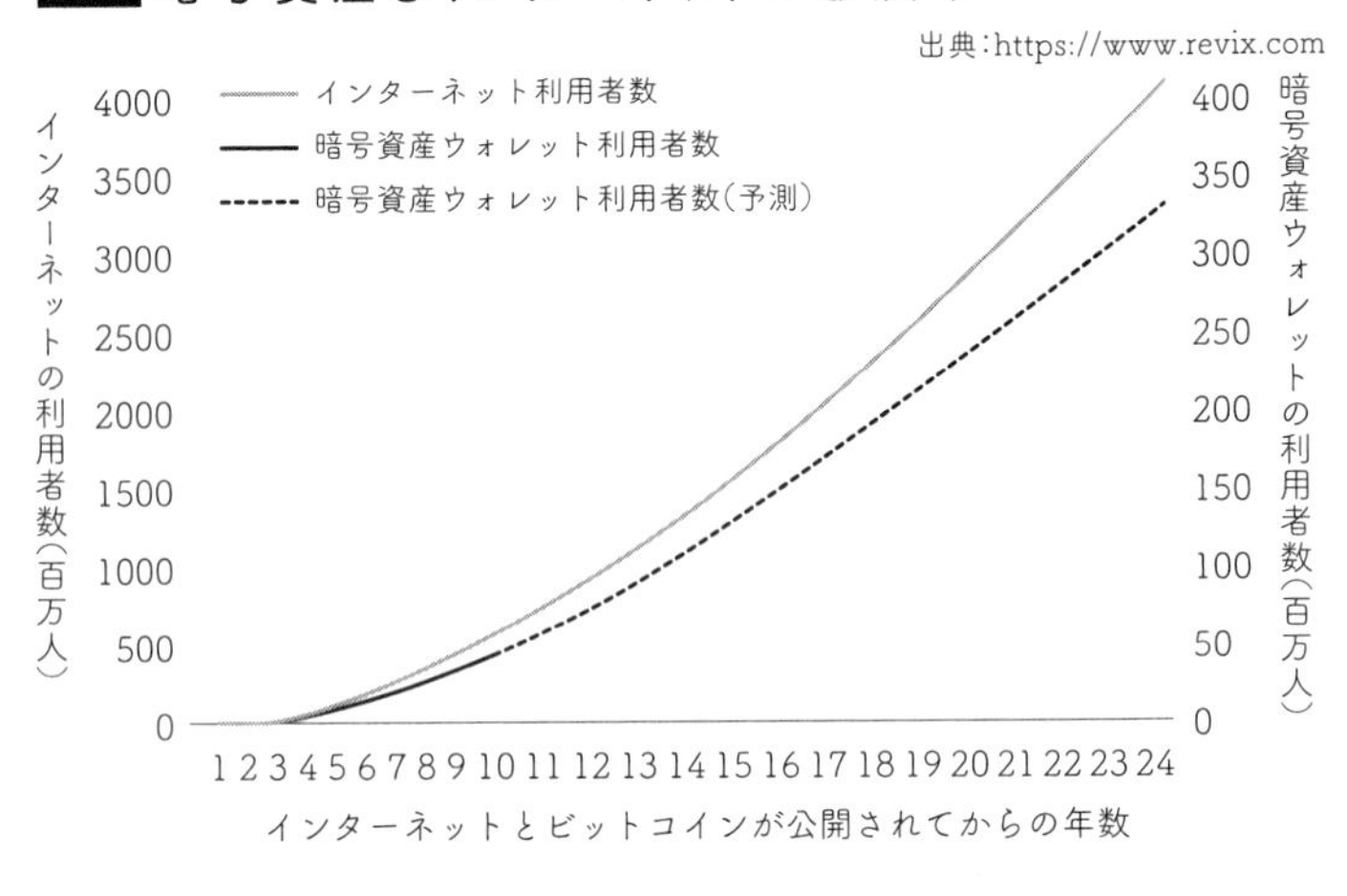

メタバースへと移行しつつあります。

生まれたばかりの「価値のインターネット」も、これから「情報のインターネット」がたどってきた道をたどることになるはずです。勇気ある挑戦と改善が繰り返され、10年後、20年後には、社会になくてはならないインフラになっていることでしょう。

２０２１年現在の暗号資産ウォレットの利用者数は、１９９５年のインターネットの利用者数と同じくらいの水準です。

１９９５年といえば、ウィンドウズ95が発売され、やっと一家に一台ＰＣが届き始めた時代です。ブラウザを通じて、多くの人がインターネットにアクセスし始めた、まさにインターネット黎明期です。

その後、回線速度が改善され、モバイル通信が普及して、通信速度が劇的に向上してきたのは、みなさんもご存じの通りです。高速インターネットの普及で、大容量の動画のストリーミングサービスやライブ配信など、さまざまなアプリケーションが登場しました。

2021年は、暗号資産取引が一般に普及し、多くの人がデジタル経済圏にアクセスし始めた、まさにデジタル経済圏黎明期です。

今後、暗号資産が抱えるさまざまな技術的課題が改善され、送金速度が上がっていくはずです。さらに、多様な暗号資産ネイティブのアプリケーションが開発され、デジタル経済圏は、社会のインフラになっていくでしょう。

私たちコインチェックも、デジタル経済圏を構成するメンバーの一員として、暗号資産ネイティブのアプリケーションを生み出す企業やDAO（自律分散型組織）の勇気ある挑戦を支援し、「価値のインターネット」の発展に貢献していきたいと考えています。それによって、挑戦した人なら誰にでもチャンスがある社会を実現したいと願っているのです。

本書を読んだみなさんが、少しでも新しいデジタル経済圏の創造と発展に興味を持っていただければ、たいへんうれしく思います。そして願わくは、みなさんの中に、新しい世界をつくる仲間になってくれる方が1人でもいれば、著者として、こんなにうれしいことはありません。

10年後、振り返ったときに、読者の中からデジタル経済圏の雄が生まれているとうれしいです。暗号資産の未来をつくるのは、いまを生きる私たちなのですから。

2021年11月

大塚　雄介

最新 いまさら聞けない
ビットコインとブロックチェーン

発行日 2021年12月25日 第1刷
2022年 3 月 4 日 第4刷

Author 大塚雄介

Book Designer 西垂水敦・市川さつき(krran) 装丁
小林祐司 本文・DTP

Publication 株式会社ディスカヴァー・トゥエンティワン
〒102-0093 東京都千代田区平河町2-16-1 平河町森タワー11F
TEL 03-3237-8321(代表) 03-3237-8345(営業) / FAX 03-3237-8323
https://d21.co.jp/

Publisher 谷口奈緒美
Editor 千葉正幸 舘瑞恵 (編集協力:田中幸宏)

Store Sales Company
安永智洋 伊東佑真 榊原僚 佐藤昌幸 古矢薫 青木翔平 青木涼馬 井筒浩 小田木もも 越智佳南子 小山怜那 川本寛子 佐竹祐哉 佐藤淳基 佐々木玲奈 副島杏南 高橋雛乃 滝口景太郎 竹内大貴 辰巳佳衣 津野主揮 野村美空 羽地夕夏 廣内悠理 松ノ下直輝 宮田有利子 山中麻吏 井澤徳子 石橋佐知子 伊藤香 葛目美枝子 鈴木洋子 畑野衣見 藤井多穂子 町田加奈子

EPublishing Company
三輪真也 小田孝文 飯田智樹 川島理 中島俊平 磯部隆 大崎双葉 岡本雄太郎 越野志絵良 斎藤悠人 庄司知世 中西花 西川なつか 野﨑竜海 野中保奈美 三角真穂 八木眸 高原未来子 中澤泰宏 伊藤由美 蛯原華恵 俵敬子

Product Company
大山聡子 大竹朝子 小関勝則 千葉正幸 原典宏 藤田浩芳 榎本明日香 倉田華 志摩麻衣 舘瑞恵 橋本莉奈 牧野類 三谷祐一 元木優子 安永姫菜 渡辺基志 小石亜季

Business Solution Company
蛯原昇 早水真吾 志摩晃司 野村美紀 林秀樹 南健一 村尾純司 藤井かおり

Corporate Design Group
塩川和真 森谷真一 大星多聞 堀部直人 井上竜之介 王廰 奥田千晶 佐藤サラ圭 杉田彰子 田中亜紀 福永友紀 山田諭志 池田望 石光まゆ子 齋藤朋子 福田章平 丸山香織 宮崎陽子 阿知波淳平 伊藤花笑 伊藤沙恵 岩城萌花 岩淵瞭 内堀瑞穂 遠藤文香 王玮祎 大野真里菜 大場美範 小田日和 加藤沙葵 金子瑞実 河北美汐 吉川由莉 菊地美恵 工藤奈津子 黒野有花 小林雅治 坂上めぐみ 佐瀬遥香 鈴木あさひ 関紗也乃 高田彩菜 瀧山響子 田澤愛実 田中真悠 田山礼真 玉井里奈 鶴岡蒼也 道玄萌 富永啓 中島魁星 永田健太 夏山千穂 原千晶 平池輝 日吉理咲 星明里 峯岸美有

Proofreader 文字工房燦光
Printing 共同印刷株式会社

ISBN978-4-7993-2814-9